中国金融稳定报告

China Financial Stability Report

2012

中国人民银行金融稳定分析小组

中国金融出版社

China Financial Stability Report 2012

中国人民银行金融稳定分析小组

组　长： 刘士余

成　员（以姓氏笔画为序）：

王　煜　冯菊平　孙晓霞　何肖锋

何建雄　励　跃　张健华　张晓慧

李　波　李文泓　邵伏军　陈　志

周学东　欧阳昌琼　宣昌能　盛松成

谢　多

《中国金融稳定报告2012》指导小组

李　勇　王兆星　庄心一　陈文辉

《中国金融稳定报告2012》编写组

总　纂： 宣昌能　梁世栋　刘兴亚　黄晓龙

统　稿： 杨　柳　陈建新　李　妍　谢　丹

执　笔： 第一章：纪　敏　马凌霄　钟子明　丁　康
齐　喆　王　晶　周正清　席　钰
谢光启

第二章：陈建新　欧阳昌民　赵　民　王　楠
赵冰喆　李　达　林文顺　洪　波
王文静

第三章：孟　辉　李敏波　许　玥

第四章：李　妍　王少群　陈　敏　李　超

第五章：戴　赜　罗惟丹　江会芬　杜海均
蹇　娜　孟　辉　李敏波

第六章：翟　春　谢晶晶　魏礼军　刘　珂
徐　昕

第七章：张卫华　李文勇　王习武　孙　毅
杜　静　拓　扬　张念念　孟　辉
李敏波

第八章：杨　柳　胡　平　李　斌　陶　玲
王　湉　贾彦东　刘　勤　于焘华

专题一：陈建新　欧阳昌民　李　达　姚　斌

专题二：王素珍　那丽丽

专题三：陶　玲　谢　丹　刘　婕　王　湉
陈团廷

专题四：陈建新　车士义

附　录：赵　民　刘　浏

其他参与写作人员（以姓氏笔画为序）：

于明星　吴　云　张　燕　李　俊　杨　敏
沈理明　季　军　郭大勇　温茹春　虞　云

内容摘要

2011年，全球经济增长放缓，主要发达经济体的财政风险和金融风险加大，国际金融市场剧烈震荡，各类不确定性明显增多。中国经济继续朝着宏观调控预期方向发展，金融业改革持续深化，整体抗风险能力进一步提升，金融市场运行平稳，政府、企业和住户部门财务状况良好，金融基础设施建设稳步推进，金融体系总体稳健。2012年，世界经济形势仍将十分严峻复杂，经济复苏的不稳定性、不确定性上升，欧洲主权债务危机短期内难以有效解决，主要发达经济体的经济复苏进程依然缓慢，新兴经济体宏观调控难度加大。我国经济发展中不平衡、不协调、不可持续的矛盾和问题仍将突出，经济增长下行压力加大，物价走势仍需关注，金融领域潜在风险仍然存在，维护金融稳定面临新的挑战。

宏观经济运行良好。2011年，我国实施积极的财政政策和稳健的货币政策，经济保持平稳较快发展，结构调整有序推进。国内需求平稳增长，外部需求相对稳定。财政收入增长迅速，用于民生和“三农”的财政支出力度加大。物价指数前升后降，通货膨胀压力有所缓解。房地产调控继续加强，房地产价格逐步回落。货币信贷增速回归常态，人民币汇率稳中有升。下一阶段，要继续实施积极的财政政策和稳健的货币政策，增强政策的前瞻性、针对性、有效性，保持合理的社会融资规模，加大金融对实体经济的支持力度。同时，进一步深化利率市场化和汇率形成机制等重点领域改革和完善逆周期的金融宏观审慎管理制度框架，为保持经济长期平稳较快增长创造良好的金融环境。

银行业认真贯彻宏观调控政策，保持合理的信贷投放，整体运行稳健。各项改革稳步推进，资产负债规模持续扩大，对“三农”和小微企业的金融支持力度进一步加强，资产质量不断提高，稳健性标准和监管水平进一步提升。但受经营环境和结构调整等因素影响，不良贷款反弹和资本补充压力加大，重点领域风险管控仍需加强，部分机构流动性管理有待加强。下一阶段，要落实好稳健的货币政策，坚持金融服务实体经济的本质要求，继续深化改革，稳步推进金融创新，完善银行业监管框架，着力防范和化解重点领域潜在风险，密切关注具有金融功能的非金融机构风险，全面提升银行业综合实力和抗风险能力。

证券期货业继续保持健康发展，机构数量和资产规模持续增加。业务创新积极推进，证券公司融资融券交易量稳步增长，期货公司投资咨询业务顺利推出。证券期货业合规监管不断强化，抗风险能力有所增强。但证券公司业务结构单一、期货公司综合实力较弱及私募股权基金的潜在风险问题值得关注。下一阶段，要着力培育证券期货经营机构的核心竞争力，加大业务创新，加强行业诚信建设，稳步推进对外开放，提高服务实体经济的水平。

保险业总体保持平稳发展态势，资产规模持续扩大，机构体系不断完善，保费收入增长，服务领域拓宽，改革创新继续推进，监管体系不断完善，对外开放水平进一步提高。但保险业资金运用收益率降低，偿付能力总体下降，部分公司资本补充压力加大。下一阶段，要加快转变行业发展方式，优化业务结构，加大创新力度，完善保险监管，加强消费者权益保护，同时，要积极创造良好的外部环境，推动行业平稳较快发展，更好地服务于社会和实体经济。

金融市场在改革创新中稳步发展，继续保持了健康平稳的运行态势，发挥了优化资源配置、支持实体经济发展的积极作用。货币市场交易活跃，利率波动幅度较大。债券市场交易量稳定，债券指数总体上行，投资主体不断扩大。股票市场估值处于历史较低水平。商品期货市场交易量大幅下滑，金融期货市场稳步增长。票据市场总体平稳，外汇市场交易活跃，黄金市场交易规模显著增加。下一阶段，要积极推动债券市场健康发展，继续深化新股发行体制改革，稳步推进退市制度改革，完善资源配置的市场机制，更好地服务实体经济，促进经济结构调整和经济发展方式转变。

政府、企业、住户的财务分析表明，政府部门财务状况良好，债务水平安全可控，一些地方政府性债务风险隐患仍需关注。企业部门利润继续增长，偿债能力稳中略降，流动性趋紧，企业原材料成本压力减弱，国内外订单需求呈下降趋势。住户部门的金融资产继续增长，但多元化程度有待提高，整体债务水平较低，偿债能力较强。

金融基础设施建设稳步推进。支付、清算和结算体系运行安全稳定，监管体制逐步完善，非现金支付工具广泛应用，中央债券结算和集中清算业务快速增长。金融业法律法规和部门规章不断推出，金融法律基础进一步夯实。会计准则的制定和实施工作不断推进，会计准则体系进一步完善。社会信用体系建设稳步推进，征信系统作用日益显著，信用环境持续改善。反洗钱工作深入推进，监管水平不断提高，调查有效性进一步提升，国际合作继续深化。下一阶段，应进一步加强支付、清算和结算体系的监管，完善金融法律法规，推进会计准则的国际趋同与等效，改善社会信用环境，优化反洗钱监管。

宏观审慎管理进一步强化。国际组织继续加强宏观审慎国际标准和准则的研究制定，主要国家的金融监管改革持续推进，进一步强化了宏观审慎职能。2011 年，我国在加强宏观审慎管理方面进行了有益探索，不断加强和改进金融统计和风险监测评估，完善以差别准备金动态调整为着力点的逆周期宏观调控机制，研究加强系统重要性金融机构监管，积极构建危机管理和风险处置框架。下一阶段，应在借鉴国际金融危机教训和国际有效做法的基础上，结合国情，进一步健全宏观审慎政策框架，建立宏观审慎管理和微观审慎监管协调配合、互为补充的体制机制，提高系统性风险防范能力，提升金融支持经济发展的可持续性。

目 录

专栏

第一章

宏观经济

2011 年，全球经济增长放缓，国际贸易增速回落，国际金融市场剧烈震荡，各类不确定性明显增多。主要发达经济体的财政风险和金融风险加大，经济增长动力不足，欧洲主权债务危机明显恶化。新兴经济体增长势头普遍趋缓，部分国家面临较为严重的通货膨胀和短期资本大进大出的风险。中国经济继续朝着宏观调控预期方向发展，运行态势总体良好，通货膨胀压力在年末有所减轻。

2012 年，世界经济形势总体上仍将十分严峻复杂，经济复苏的不稳定性、不确定性上升。欧债危机成为拖累全球经济复苏的主要因素，新兴经济体增长速度将进一步放缓。在外部需求和国内经济周期的共同影响下，国内经济增长将有所放缓，需加快转变经济增长方式，调整经济结构，保持经济平稳较快发展。

一、2011 年全球经济金融形势

2011 年，全球经济复苏放缓，全年经济增长率为 3.9%，各经济体表现分化，发达经济体与新兴经济体分别增长 1.6% 和 6.2%。国际金融市场持续大幅震荡，全球股市总体下行，大宗商品价格从峰值回落。

（一）主要经济体经济形势

美国就业、通胀形势略有改善，财政赤字问题依然严重。2011 年美国 GDP 增长 1.7%，同比下降 1.3 个百分点。年末失业率 8.5%，为 2009 年以来的最低水平。通胀压力有所减轻，12 月 CPI 同比上涨 3.0%，连续 3 个月回落。2011 年，贸易赤字为 5 580 亿美元，同比上升 11.6%。2011 财年，联邦财政赤字为 1.3 万亿美元，占 GDP 的 8.7%，较上年的 9.0% 略有下降，但仍为 1945 年以来第三高的赤字比率。

欧元区经济复苏动力减弱，各国增速进一步分化。2011 年，欧元区 GDP 增长 1.4%，增速放缓，失业率仍居高不下，12 月为 10.4%，通胀连续 13 个月高于 2% 的目标，12 月综合物价指数（HICP）同比上涨 2.7%。从国别来看，德国 GDP 增长 3.1%，较上年回落 0.5 个百分点，但仍明显快于其他欧元区国家。法国 GDP 增长 1.7%，同比上升 0.3 个百分点。而希腊、葡萄牙等重债国形势持续恶化，GDP 同比分别萎缩 6.9% 和 1.5%。

日本经济反弹强于预期，贸易和债务情况有所恶化。2011 年，在地震和海啸灾害发生后，日本采取一系列刺激政策使经济快速下滑的势头得到遏制，经济增长先降后升，全年 GDP 增长 -0.7%。年末失业率为 4.5%，同比下降 0.4 个百分点。消费价格指数持续处于低位，12 月核心 CPI 同比下降 0.2%。

受日元升值、地震灾害和外部需求下降影响，出口形势恶化，全年贸易逆差2.5万亿日元，使日本在时隔31年后再次成为贸易赤字国。地震灾害导致财政支出大幅增加，政府债务负担进一步加重，2011年第三季度末，债务余额创下954万亿日元的历史新高，债务余额与GDP之比为199%。

新兴经济体增长势头明显放缓，政策调控难度加大。受国内政策持续紧缩、经济周期性下行以及外部需求下降等多重因素影响，主要新兴经济体2011年的经济增长速度普遍放缓。印度全年GDP增长7.2%，同比下降3.4个百分点，12月CPI降至7.5%，为近两年来最低，通胀压力有所减轻。巴西全年GDP增长2.7%，同比下降4.9个百分点。此外，南非、土耳其、印度尼西亚、越南等新兴市场国家的经济增长显著放缓。经济增长前景恶化影响了投资者对新兴市场国家资产的信心，加上欧元区银行通过出售在这些国家的资产以弥补自身资金缺口，部分新兴市场国家出现了资本外流、本币贬值的趋势，加大了宏观政策决策的难度。

专栏1　G20框架下的全球经济金融政策

2008年，随着国际金融危机的爆发，二十国集团（G20）由财长和央行行长会议升格为领导人峰会，并扩大发展中国家的发言权，G20峰会成为全球经济金融治理的重要平台，在促进就业和经济增长、防范应对国际金融危机、改革国际货币体系、推动金融监管改革、加强多边贸易体系等方面发挥了重要作用。

2011年11月，G20领导人在法国戛纳召开峰会，重点提出了以下领域的经济金融政策。一是促进就业和经济增长。努力推动世界经济实现强劲、可持续和平衡增长，鼓励成员国实施结构性改革以稳定经济增长，解决短期内经济脆弱的问题，加强中期经济增长基础。二是防范和应对国际金融危机。支持国际货币基金组织（IMF）进一步增强全球金融安全网，敦促欧元区有关国家切实执行改革计划，恢复市场信心和维护金融稳定。三是改革国际货币体系。落实IMF份额改革方案，提升IMF的代表性并充实可用资源，完善特别提款权（SDR）的构成标准。四是大力推进金融监管改革。依托金融稳定理事会（FSB），针对国际金融危机暴露出的金融监管的主要问题，加强系统重要性金融机构、影子银行、场外衍生品、薪酬制度等方面的监管与改革。五是加强多边贸易体系。采取切实措施避免贸易保护主义，支持世界贸易组织（WTO）在提高贸易关系和政策的透明度、提升争端解决机制效能方面发挥更加积极的作用。

在G20成员国的通力合作下，当前世界经济已逐步走出国际金融危机的影响，但受到欧债危机等各类风险的威胁，全球经济仍面临较大不确定性。面对复杂多变的国际经济金融形势，G20应在平等互信的基础上，不断加强与相关国际组织以及非成员国家的对话与合作，以期在协调国际经济政策、推动国际金融改革、维护全球稳定等方面发挥更大的作用。

（二）国际金融市场形势

主要货币汇率宽幅震荡。2011年，美元汇率先抑后扬，虽然全年变化率不高，但年内反复大幅波动。年末，美元广义名义贸易加权指数全年累计升值1.65%。欧元对美元汇率先升后贬，年末为1.2945美元/欧元，较上年末贬值3.23%。1~4月，欧洲经济整体运行平稳，市场加息预期强烈，欧元对美元持续升值；5月以后，受欧债危机恶化和蔓延的影响，欧元对美元震荡回落。受避险需求的影响，日元对美元持续保持高位，震荡升值5.22%（见图1-1）。大部分新兴市场货币对美元汇率呈现先升后贬态势。

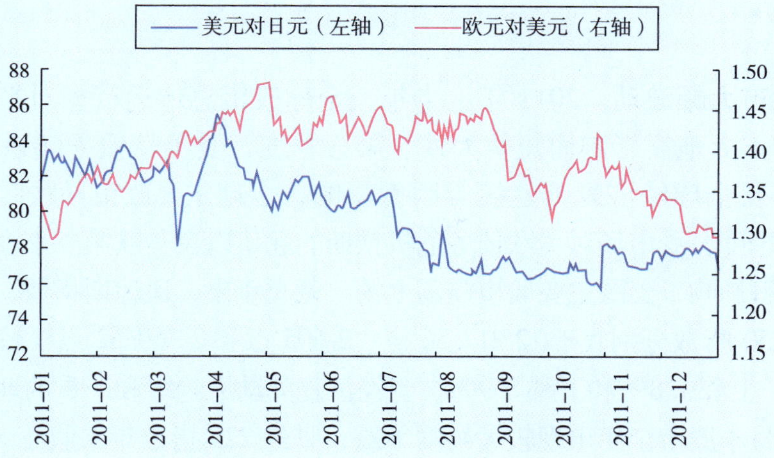

数据来源：路透。

图1-1　主要货币汇率走势

主要国家国债收益率下降。2011年，随着国际评级公司相继下调希腊、爱尔兰、意大利等国的信用评级，国际资本避险需求上升。尽管标准普尔和穆迪分别下调了美国和日本的主权信用评级，但美国和日本的国债收益率不升反降，德国国债收益率也呈现震荡走低趋势。截至年末，美国、德国和日本的

10 年期国债收益率分别收于 1.88%、1.83% 和 0.99%，较上年末分别下跌 1.48 个、1.14 个和 0.13 个百分点（见图 1-2）。

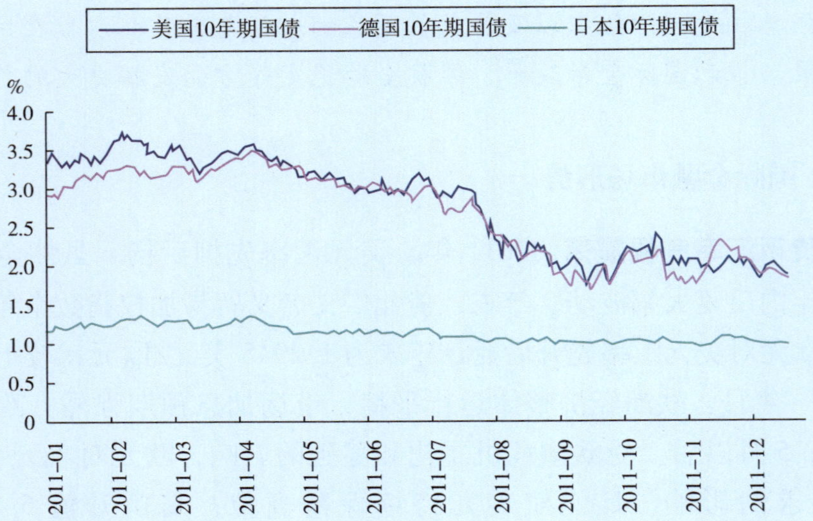

数据来源：路透。

图 1-2　主要国债收益率走势

全球股市大幅波动。2011 年上半年，全球股市总体运行相对平稳，仅在 3 月中旬受日本大地震影响而短暂大跌。第三季度，受美欧债务问题恶化加剧市场恐慌情绪及全球经济复苏趋缓等因素影响，全球主要股市暴跌后在低位宽幅震荡。第四季度，受市场对美欧债务危机预期的起伏以及美欧第三季度经济表现较好等因素交替影响，美欧主要股市震荡上扬。截至年末，道琼斯指数、纳斯达克指数和 STOXX50 指数分别收于 12 217.56 点、2 605 点和 2 369.52 点，较上年末分别上涨 5.5%、上涨 1.8% 和下跌 8.9%。受经济复苏动力趋缓和严重的地震海啸灾害双重影响，日本股市全年出现较大幅度下跌，日经 225 指数年末收于 8 455 点，较上年末下跌 17.3%（见图 1-3）。主要新兴市场股市大幅下跌，俄罗斯 RTS 指数下跌 21.94%，印度孟买 Sensex 指数下跌 24.64%，巴西圣保罗 IBOVESPA 指数下跌 18.11%，韩国 KOSPI 指数下跌 10.98%，中国上证综指下跌 21.68%。

大宗商品价格自峰值回落。2011 年，伦敦布伦特原油期货价格在 4 月 8 日达到 126.65 美元的峰值后振荡回落，年末收于每桶 107.38 美元，同比上涨 13.3%。伦敦金属交易所黄金现货价格在 9 月 5 日创下每盎司 1 898.99 美元的历史新高后大幅下跌，年末收于每盎司 1 563.8 美元，同比上涨 10.2%（见图 1-4）。涵盖全球 19 种大宗商品的美国商品调查局（CRB）指数累计下跌

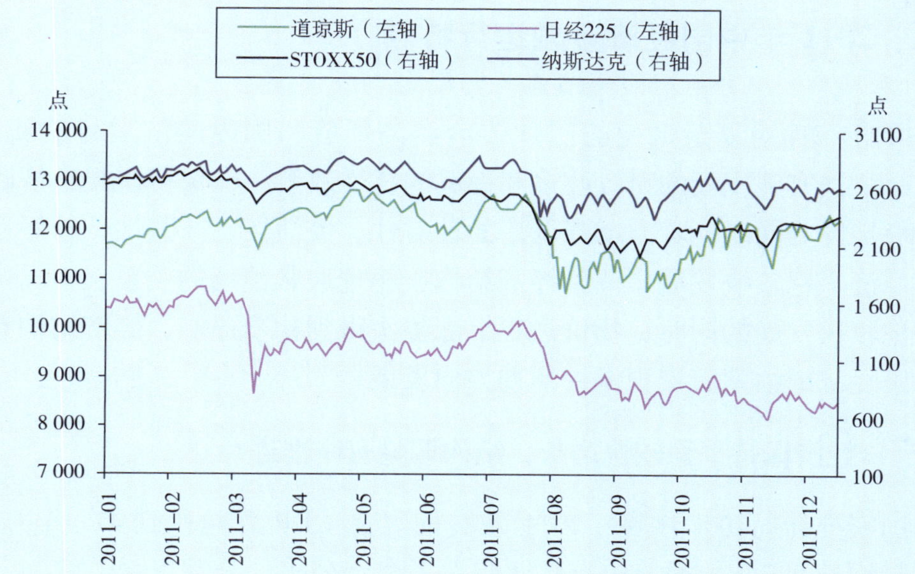

数据来源：路透。

图 1–3　主要股指走势

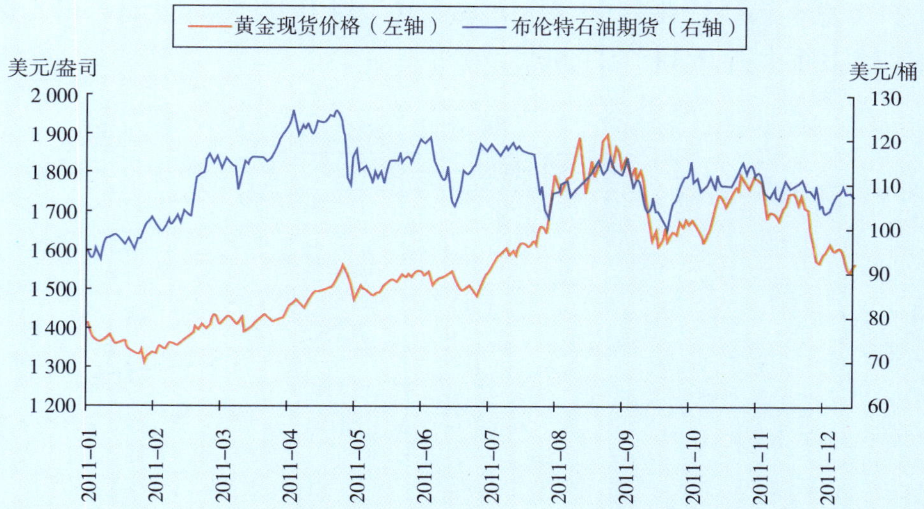

数据来源：路透。

图 1–4　国际原油、黄金价格指数

8.49%。其中铜、铁、锡等金属期货价格下跌在 20% 以上，食糖、小麦、天然气等跌幅百分比也在两位数以上。

二、2011 年中国经济金融运行特点

2011 年，面对复杂多变的国际政治经济环境和国内经济运行的新情况、新变化，我国实施积极的财政政策和稳健的货币政策，在保持宏观经济政策连续性和稳定性的同时，着力增强调控的针对性、灵活性、前瞻性，较好地处理了保持经济平稳较快发展、调整经济结构、管理通胀预期的关系，中国经济在保持平稳较快发展的同时，物价过快上涨势头得到初步遏制，经济结构有所改善，国民经济继续朝着宏观调控预期方向发展。

（一）经济保持平稳较快增长，结构调整有序推进

据国家统计局初步核算，2011 年我国名义 GDP 总额达到 47.16 万亿元，同比实际增长 9.2%，增速较上年回落 1.2 个百分点。分季度看，第一季度至第四季度 GDP 同比分别增长 9.7%、9.5%、9.1% 和 8.9%，呈平稳回落趋势（见图 1－5）。分产业看，第一产业增加值 4.77 万亿元，增长 4.5%；第二产业增加值 22.06 万亿元，增长 10.6%；第三产业增加值 20.33 万亿元，增长 8.9%。从产业增加值占 GDP 的比重看，第一产业为 10.1%，比上年下降 0.06 个百分点；第二产业为 46.8%，比上年下降 0.08 个百分点；第三产业为 43.1%，比上年上升 0.14 个百分点。

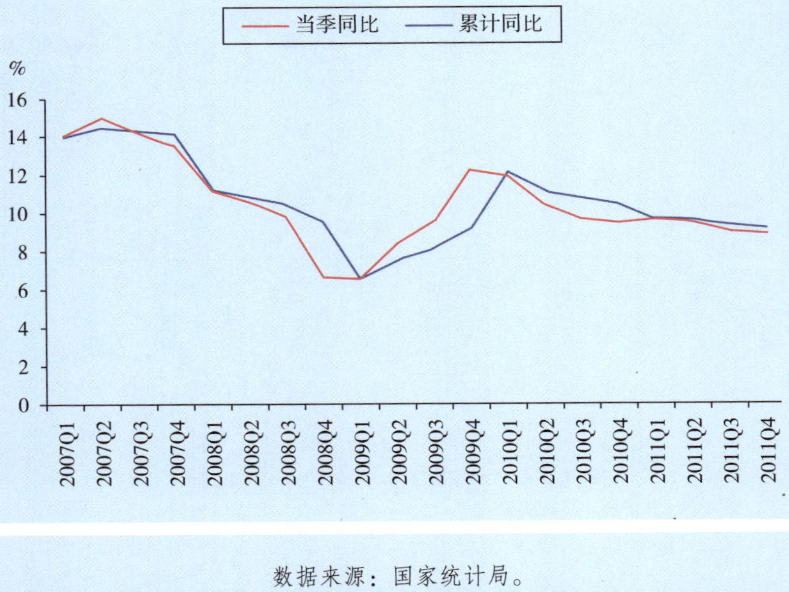

数据来源：国家统计局。

图 1－5　GDP 累计同比和当季同比

（二）国内需求平稳增长，外部需求相对稳定

2011 年，全社会固定资产投资 31.10 万亿元，比上年增长 23.6%，扣除价格因素，实际增长 15.9%。其中，城镇固定资产投资 30.19 万亿元，增长 23.8%。全社会消费品零售总额 18.12 万亿元，比上年增长 17.1%，扣除价格因素，实际增长 11.6%。进出口总额 3.64 万亿美元，比上年增长 22.46%。其中，出口 1.9 万亿美元，增长 20.34%；进口 1.74 万亿美元，增长 24.87%。全年实现贸易顺差 1 551.4 亿美元，同比下降 14.5%。从月度走势看，除了受季节性因素影响，年初进出口增速出现短暂较大波动外，全年基本呈平稳、缓慢下降态势。初步测算，2011 年，资本形成总额对 GDP 增长的贡献率是 54.2%，最终消费对 GDP 增长的贡献率是 51.6%（见图 1-6）。

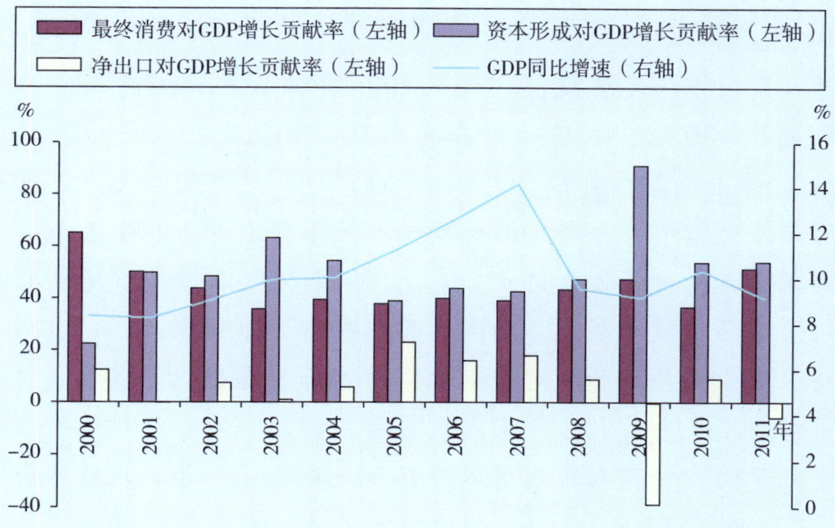

数据来源：国家统计局。

图 1-6　三大需求对经济增长的贡献

专栏 2　人民币跨境使用和人民币离岸市场

我国“十二五”规划明确提出：扩大人民币跨境使用，逐步实现人民币资本项目可兑换；支持香港发展成为离岸人民币业务中心和资产管理中心。2011 年，人民银行继续会同有关部门以促进贸易和投资自由化、便利化为目标，积极推动人民币跨境使用和离岸市场发展。

跨境人民币业务取得突破性进展。人民银行出台了一系列跨境人民币业务新政策，将跨境贸易人民币结算境内地区扩大至全国；允许境内机构使用人民币开展对外直接投资；允许境外投资者使用人民币开展来华投资；允许境内银行向境内机构在境外投资的企业或项目发放人民币贷款；允许符合一定资格条件的境内基金管理公司、证券公司的香港子公司（RQFII）运用在香港募集的人民币资金开展境内证券投资业务，这些政策的出台拓宽了人民币跨境流动渠道，跨境人民币业务取得了突破性进展。2011 年，全国共办理跨境贸易人民币结算业务 2.08 万亿元，同比增长 3.1 倍，全国共办理人民币对外直接投资结算金额 201.5 亿元，外商直接投资人民币结算金额 907.2 亿元。截至 2011 年末，与境内发生人民币实际收付业务的境外国家和地区达 181 个。货币合作持续推进，截至 2011 年末，我国与 14 个国家和地区签订了双边本币互换协议，互换规模达到13 012亿元人民币。

香港人民币市场发展较快。截至 2011 年末，香港经营人民币业务的机构数已超过 130 家，人民币贷款余额约 308 亿元，人民币存款余额达 5 885亿元，约占香港全部银行存款余额的 10%，人民币成为香港除港元和美元的第三大货币。全年香港共发行人民币债券约 1 100 亿元（其中包括财政部在香港发行的 200 亿元债券）。香港人民币债券市场发行主体日趋多元化，市场交投活跃，参与主体日趋丰富，市场深度不断拓展。

跨境人民币业务的开展为香港人民币市场发展提供了重要支持，香港人民币市场的发展也有利于扩大人民币跨境使用，有利于境内金融市场的开放，有利于探索实现人民币资本项目可兑换。下一步，人民银行将继续按照稳妥有序的原则开展各项跨境人民币业务，促进贸易投资自由化和便利化，发挥香港人民币市场优势，促进人民币在境外循环使用。

（三）财政收入增长较快，财政支出增长较快

2011 年，我国财政收入 10.37 万亿元，同比增加 2.06 万亿元，增长 24.8%，增速比上年高 3.5 个百分点。从全年走势看，前高后低态势较为明显。下半年特别是第四季度，随着经济增长逐步放缓和物价高位回落，加上个人所得税起征点提高以及房地产、汽车成交量下降等减收因素影响，财政收入增速有所放缓。全国财政支出 10.89 万亿元，同比增加 1.91 万亿元，增长 21.2%，增速比上年高 3.4 个百分点。财政对“三农”、教育、医疗卫生、社会保障和就业、保障性安居工程、文化等民生领域的支持力度加大，其中用于

与人民群众生活直接相关的教育、医疗卫生、社会保障和就业、住房保障、文化等方面的民生支出合计3.81万亿元，增长30.3%；用于“三农”的支出合计29 342亿元，增长21.2%。

（四）物价指数前升后降，通货膨胀压力有所缓解

2011年上半年，在能源资源、劳动力等要素成本上升、通货膨胀预期较强、国内需求继续较快增长等多种因素的共同作用下，价格上涨压力持续增大，推动CPI同比涨幅不断扩大，7月达到6.5%，创国际金融危机以来的新高。进入下半年，随着国内经济增长继续放缓和稳健货币政策效果逐步显现，加之国际大宗商品价格整体出现回落，价格上涨压力有所减轻，主要价格指标开始趋稳回落，物价过快上涨势头得到初步遏制（见图1－7）。自8月开始，CPI涨幅逐月回落，12月降至4.1%，全年同比上涨5.4%，比上年高2.1个百分点。食品和非食品价格分别上涨11.8%和2.7%，分别比上年高4.6个和1.3个百分点。前三季度工业生产者价格（PPI）同比涨幅基本处于7%左右的高位，工业生产者购进价格（PPIRM）同比涨幅在10%以上。自8月以来，PPI同比涨幅开始逐步回落，第四季度回落幅度明显加大，全年PPI同比上涨6%，比上年高0.5个百分点。

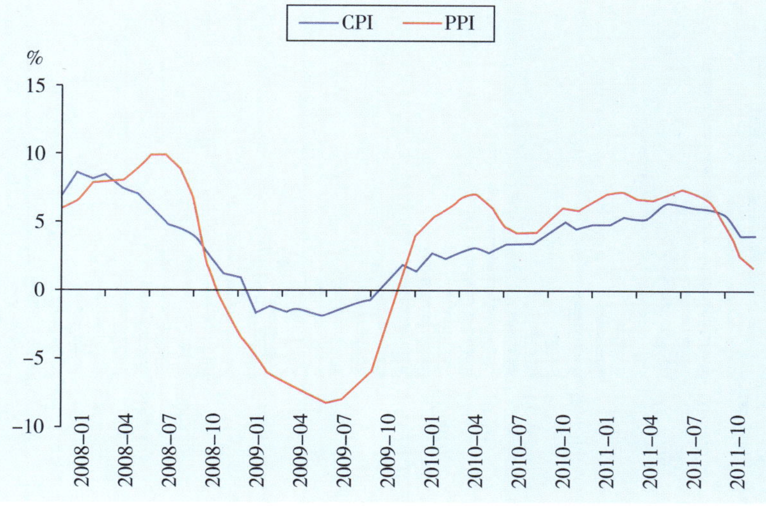

数据来源：国家统计局。

图1－7　主要物价指标同比走势

（五）货币信贷增速回归常态，人民币汇率稳中有升

面对通货膨胀压力增大和国际收支顺差较大的形势，人民银行认真落实中央经济工作会议精神，将稳定物价总水平作为金融宏观调控的首要任务，实施稳健的货币政策，加强宏观审慎管理，综合运用多种货币政策工具，有力地促进了货币信贷条件进一步向常态回归。2011 年末，广义货币（M_2）余额 85.16 万亿元，同比增长 13.6%，增速同比下降 6.1 个百分点；狭义货币（M_1）余额 28.98 万亿元，同比增长 7.9%，增速同比下降 13.3 个百分点。全年人民币贷款增加 7.47 万亿元，同比少增 3 901 亿元（见图 1－8）。社会融资规模为 12.83 万亿元，同比减少 1.11 万亿元。2011 年，人民币汇率形成机制得到进一步完善，汇率弹性不断增强。人民币汇率有升有贬，预期出现分化。人民币对美元全年升值 5.1%，人民币汇率中间价日均波动 44 个基点。据国际清算银行测算，全年人民币实际有效汇率升值 6.12%。人民币汇率形成机制的不断完善，对促进我国经济结构优化和全面协调可持续发展、抑制通货膨胀发挥了积极作用。

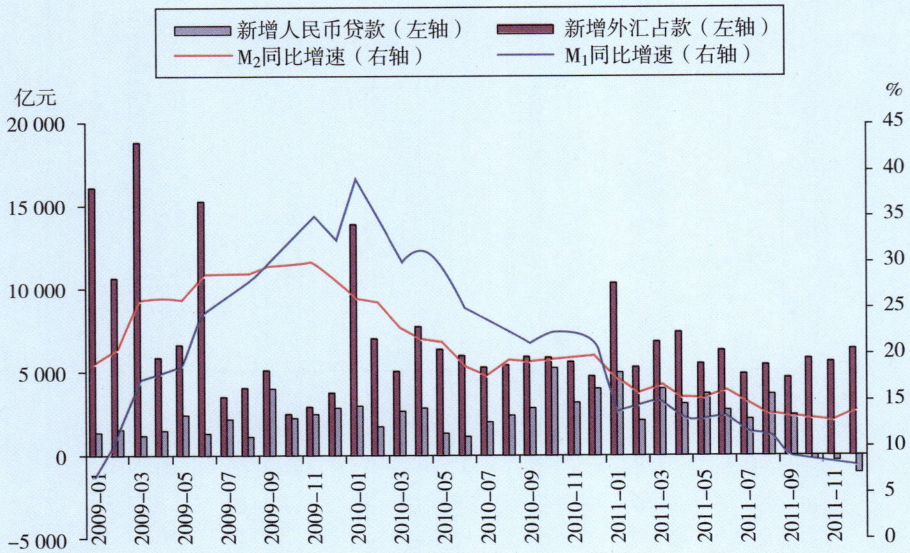

数据来源：中国人民银行。

图 1－8　新增贷款和货币供给增长状况

专栏3 高通胀压力下稳健货币政策的实施

2010年中以后，随着中国经济恢复较快增长，通货膨胀开始出现上升势头，第四季度CPI升至4.7%。进入2011年，地方发展热情较高，投资和货币信贷扩张动力较强，经济运行总体上处在较高的通胀压力下，前三季度CPI涨幅分别为5.1%、5.7%和6.2%。在此背景下，按照党中央、国务院的决策部署，人民银行把货币政策取向由“适度宽松”调整为“稳健”，围绕保持物价总水平基本稳定这一宏观调控的首要任务，综合、交替使用数量型、价格型和宏观审慎政策工具，把好流动性总闸门，控制物价上涨的货币条件，加强宏观审慎管理，并根据新形势新情况着力提高调控的针对性、灵活性和前瞻性，处理好保持经济平稳较快发展、调整经济结构和管理通胀预期的关系。

一是搭配使用存款准备金率和公开市场操作工具对冲银行体系多余的流动性。在国际收支总体上继续保持较大顺差的背景下，2011年上半年，人民银行充分发挥存款准备金率工具主动性较强、能够深度冻结流动性的作用，先后6次上调金融机构存款准备金率共3个百分点。同时，合理把握公开市场操作力度和节奏，促进银行体系流动性供求的适度均衡。全年累计发行中央银行票据约1.4万亿元，开展正回购操作约2.5万亿元，年末中央银行票据余额约为1.9万亿元。

二是引入新的宏观审慎政策工具进行逆周期引导。在总结国际金融危机教训的基础上，从2011年起，人民银行引入差别准备金动态调整机制，通过透明、可预期、规则化的方式对信贷总量进行逆周期的引导。该机制将信贷投放与宏观审慎所要求的资本水平相联系，考虑了经济景气变化以及金融机构系统重要性、稳健状况和信贷政策执行情况，具有引导和激励金融机构自我保持稳健、逆周期调节信贷投放以及引导信贷投向的功能，在信贷调控中发挥了积极作用，信贷投放的季度及月度均衡性明显提高。

三是适时发挥利率杠杆的调控作用。2011年前三季度，人民银行三次上调金融机构人民币存贷款基准利率。其中，1年期存款基准利率由2.75%提高到3.50%，1年期贷款基准利率由5.81%提高到6.56%。同时，引导银行间市场利率适当上行。第四季度，随着国内外形势的变化，特别是国内价格涨幅逐步回落，存贷款基准利率保持稳定。

四是进一步完善人民币汇率形成机制。继续按主动性、可控性和渐进性原则，重在坚持以市场供求为基础，参考一篮子货币进行调节，增强汇率弹性，保持人民币汇率在合理均衡水平上的基本稳定。2011 年，人民币小幅升值，双向波动特征明显。年末人民币对美元汇率中间价为 6.3009 元，全年升值幅度为 5.11%，在一定程度上减弱了国际大宗商品价格上涨对国内通货膨胀的影响。

五是引入“社会融资规模”作为中间变量进行监测。较长时期以来，中国宏观调控重点监测和分析的指标是广义货币供应量 M_2 和新增人民币贷款。近年来，随着金融产品不断创新，金融结构多元发展，除了货币与信贷等传统意义上的金融变量外，信托、债券、股票等其他金融资产也对实体经济运行产生重大影响。引入“社会融资规模”的概念，可以更好地适应和体现社会融资结构的变化，更全面地掌握实体经济融资状况，对引导发展直接融资也能起到一定的促进作用。

六是适时适度地进行预调微调，着力增强政策的针对性、灵活性和前瞻性。2011 年第四季度，我国的外汇占款出现阶段性减少，经济增速也有所放缓，通货膨胀水平开始回落，人民银行及时对调控力度进行了预调微调。暂停三年期央行票据发行，灵活调整其他期限央行票据发行量，适时通过逆回购、央行票据到期等方式提供流动性，适当下调一年期央行票据发行利率，降低存款准备金率 0.5 个百分点。同时，调整优化差别准备金动态调整机制有关参数，支持资本充足率较高、资产质量较好、法人治理结构完善、信贷政策执行有力的金融机构加大对小微企业、“三农”等薄弱环节和国家重点在建续建项目的信贷支持。

总的来看，2011 年稳健货币政策的实施取得显著成效，货币信贷增长从高位向常态平稳回调，社会融资规模合理增长，信贷结构有所优化，在货币条件回归稳健的环境下，物价过快上涨势头逐步得到扭转，第四季度 CPI 回落至 4.6%，同时经济保持平稳较快发展，金融运行平稳。

三、全球经济形势展望

展望 2012 年，全球经济形势总体上仍将十分严峻复杂，经济复苏的不稳定性、不确定性上升。欧债危机短期内难以有效解决，主要发达经济体居民消费能力下降、财政紧缩压力加大，全球市场需求低迷可能成为常态，将严重制约世界经济复苏。外需减弱可能导致新兴及发展中经济体经济增长放缓。据 IMF 预测，2012 年全球经济增长率将从 2011 年的 3.8% 降至 3.5%；发达经济体和新兴及发展中经济体分别增长 1.4% 和 5.7%，较 2011 年分别放缓 0.2 个和0.5个百分点。同时，全球通货膨胀将有所缓解，但新兴及发展中经济体通胀压力仍然存在，预计发达经济体和新兴及发展中经济体通货膨胀率分别为1.9%和6.2%，较2011年分别下降0.8个和0.9个百分点。总体来看，全球经济主要面临以下风险：

一是欧债危机一旦失控，将引发新一轮系统性风险。欧元区成员国国债和银行评级面临进一步下调风险，在欧债危机的高风险预期下，欧洲银行体系融资缺口扩大，去杠杆化形势严峻，从而导致主权债务危机恶化→银行融资压力增大→经济下行风险加剧的恶性循环，金融业对实体经济的资金支持力度将下降，欧元区经济面临衰退的可能性增大。欧债危机和欧元区银行的压力可能通过直接风险敞口、跨境贷款、资本流动等渠道使全球金融市场面临新一轮压力。

二是美国经济不确定性加大，复苏进程依然缓慢。美国经济仍面临诸多不确定性，欧债危机的溢出效应可能对美国经济金融形成冲击，国内缺乏长期经济增长点、房地产市场低迷、劳动力市场疲软、居民消费难以快速增长、私人部门去杠杆化等结构性因素将持续影响美国经济复苏。政府债务上限问题依然悬而未决，美国政府难以出台有力的经济刺激政策来确保经济复苏的可持续性，从而拖累全球经济复苏的步伐。

三是新兴经济体宏观调控难度加大。受主要发达经济体增长放缓的影响，新兴经济体外部需求将持续减弱，加之自身逐步进入经济下行周期，未来增长可能进一步放缓。新兴经济体通胀压力仍然存在，面临保增长和稳通胀的艰难抉择。同时，在发达国家银行体系去杠杆化加剧的背景下，新兴经济体可能面临资本流动逆转的风险。

四是贸易保护主义抬头。由于经济复苏乏力，刺激性经济政策的空间已经十分有限，主要发达经济体通过贸易保护政策转嫁国内经济压力的动机有所强化。如果“以邻为壑”的保护政策不能在初期得到制止，可能引起各国竞相效仿，酿成汇率战和贸易战，危及经济复苏进程。

五是政治风险与地缘局势紧张对全球复苏前景构成威胁。2012年，美国、法国、俄罗斯等大国的总统大选将给经济政策的制定和协调带来很多变数。此外，中东局势前景仍具有不确定性，一些地缘事件可能推动石油等大宗商品价格飙升，不利于全球经济稳定复苏。

四、2012年中国经济展望

2012年是“十二五”时期承前启后的重要一年，中国经济与社会发展仍处于重要战略机遇期。工业化、城镇化和农业现代化快速推进，消费结构和产业结构升级蕴藏着巨大的需求潜力，企业竞争力和抗风险能力明显提高，经济发展的传统优势依然存在。同时也应该看到，当前国内外经济环境仍十分复杂严峻，我国经济发展中不平衡、不协调、不可持续的矛盾和问题仍很突出，经济增长下行压力加大，物价走势仍需关注，部分企业生产经营困难，节能减排形势严峻，经济金融等领域也存在一些不容忽视的潜在风险。特别是我国经济发展出现了一些新的阶段性特征，长期矛盾和短期问题相互交织，宏观调控面临更多“两难”选择。

面对机遇和挑战，2012 年要保持宏观经济政策的连续性和稳定性，继续增强调控的针对性、灵活性、前瞻性，处理好保持经济平稳较快发展、调整经济结构、管理通胀预期的关系，促进经济继续由政策刺激向自主增长转变。一是继续实施积极的财政政策和稳健的货币政策。根据经济金融运行情况，综合运用多种货币政策工具组合，调节好货币信贷供给，保持合理的社会融资规模，优化信贷结构，进一步巩固和扩大应对国际金融危机冲击成果。二是加大金融对实体经济的支持力度。围绕实体经济领域的突出问题，推动发展方式转变和经济结构调整的支持力度，在努力稳定外需的同时，着力扩大内需特别是消费需求；改善小微企业金融服务；推进产业结构优化和产业布局合理化，强化节能减排政策引导并推动建立节能减排市场机制，推动区域协调发展。三是深化重点领域改革，提高对外开放水平。稳步推进利率市场化改革，加快培育市场基准利率体系，引导金融机构增强风险定价能力，探索进一步推进利率市场化的有效途径。完善人民币汇率形成机制，保持人民币汇率基本稳定，扩大人民币在跨境贸易和投资中的作用。四是进一步完善逆周期的金融宏观审慎管理制度框架，有效防范系统性金融风险。丰富和完善政策工具和手段，适时调整差别准备金动态调整政策参数，进一步发挥逆周期调节作用，为保持经济长期平稳较快增长创造良好的金融环境。

第二章

银行业

2011年，银行业认真贯彻落实国家宏观调控政策，保持合理信贷投放，稳步推进各项改革，不断提升服务质量和水平，有力地支持了实体经济发展。银行业主要指标保持良好，整体呈稳健发展态势。

一、运行状况

（一）资产规模稳步扩大，服务实体经济功能提升

资产负债规模持续增长。截至2011年末，银行业金融机构资产总额为113.29万亿元，比年初增加17.98万亿元，同比增长18.87%；负债总额106.08万亿元，比年初增加16.60万亿元，同比增长18.56%（见图2－1）。五家大型商业银行资产占比47.34%，比上年下降1.86个百分点，股份制商业银行和城市商业银行资产占比分别比上年提高0.59个和0.57个百分点。

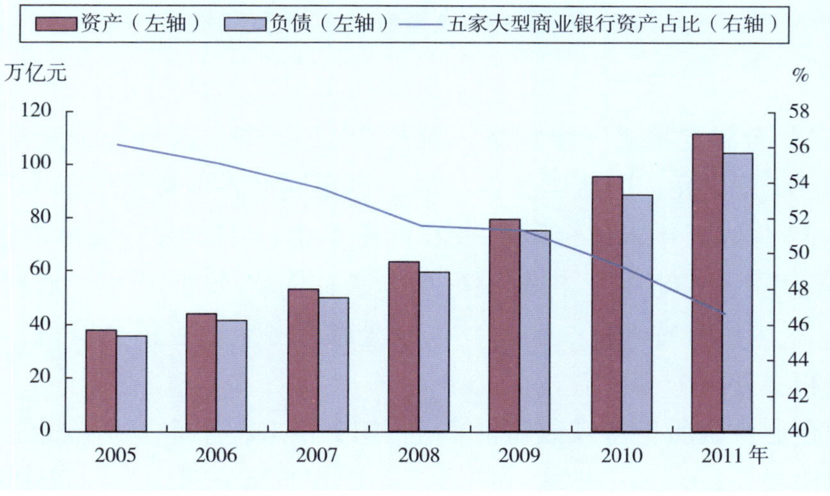

数据来源：中国银监会。

图2－1　银行业金融机构资产负债情况

存贷款保持平稳增长。截至2011年末，银行业金融机构本外币各项存款余额82.7万亿元，比年初增加9.9万亿元，同比增长13.5%。各项贷款余额58.19万亿元，比年初增加7.9万亿元，同比增长15.7%（见图2－2）。从期限上看，企业短期贷款及票据融资同比多增2.3万亿元，中长期贷款同比少增2.1万亿元。从用途上看，与项目投资密切相关的企业固定资产贷款明显少

增，经营性贷款增加较多。同时，银行业金融机构积极落实信贷政策与产业政策，注重对现代服务业、战略性新兴产业、节能环保、文化产业和社会民生领域的信贷支持，执行好差别化住房信贷政策，严控“两高一剩”行业信贷投放，有效促进经济发展方式转变和结构调整。

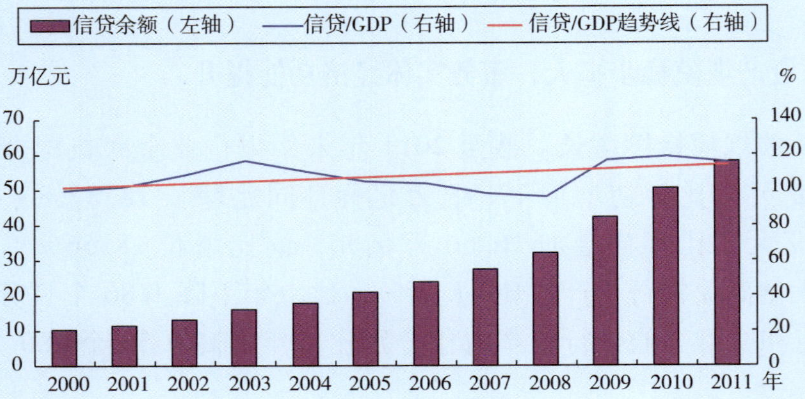

数据来源：中国人民银行和国家统计局。

图2－2　银行业金融机构信贷①变化情况

“三农”金融支持进一步加强。截至2011年末，银行业金融机构涉农贷款余额14.60万亿元，同比增长24.9%，高出同期各项贷款增速9.2个百分点（见图2－3）。截至年末，全国共有农村商业银行212家、农村合作银行190家、农村信用社2 265家、村镇银行635家、贷款公司10家、农村资金互助社46家。全国所有省（区、市）均实现金融服务空白乡镇全覆盖，17个省份实现机构和服务两个全覆盖。

小微企业金融服务持续改善。截至2011年末，小企业贷款余额10.76万亿元，同比增长25.8%，比大、中型企业贷款增速分别高14.2个和12.5个百分点（见图2－4）。全年小企业贷款增加1.93万亿元，占企业新增贷款的40.1%，占全部新增贷款的24.3%。银行业金融机构多措并举加强小微企业金融服务，小企业专营机构建设进展明显。

① 此处信贷数据为人民币贷款。

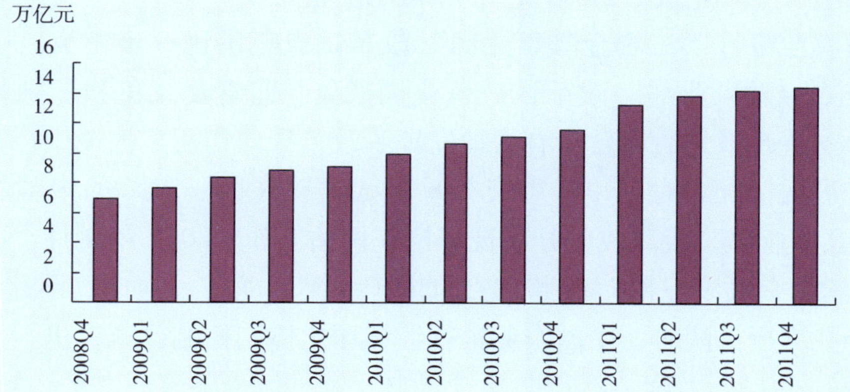

数据来源：中国人民银行。

图2-3 涉农贷款余额情况

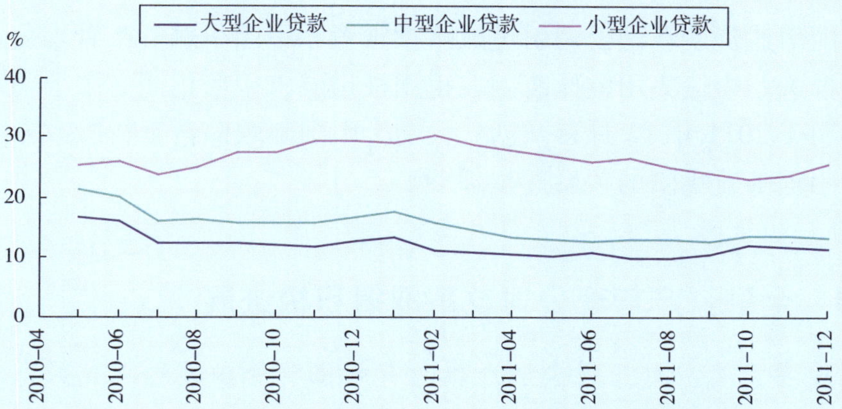

数据来源：中国人民银行。

图2-4 大、中、小型企业贷款余额同比增速

（二）各项改革稳步推进，银行业稳健运行的基础进一步巩固

大型商业银行改革继续深化。中国工商银行、中国农业银行、中国银行、中国建设银行、交通银行等五家大型商业银行继续深化改革，积极推动经营结构调整和业务创新，公司治理进一步完善，决策水平和效能不断提高，业务稳健发展，盈利保持稳定增长。截至2011年末，五家大型商业银行资本充足率分别为13.17%、11.94%、12.97%、13.68%和12.44%；不良贷款率分别为0.94%、1.55%、1.00%、1.09%和0.86%；全年净利润分别为2 084亿元、

1 220 亿元、1 303 亿元、1 694 亿元和 507 亿元。

中国农业银行“三农金融事业部”改革试点范围进一步扩大。中国农业银行“三农金融事业部”改革试点营业税减免、监管费减免和差别化存款准备金率等支持政策先后出台，有力地发挥了政策导向作用。人民银行密切关注改革试点进展情况，对四川、重庆等 8 个试点省（区、市）的中国农业银行“三农金融事业部”改革成效开展现场检查评估工作。2011 年 9 月，经国务院同意，“三农金融事业部”改革试点范围扩大到黑龙江、河南、河北、安徽 4 省 370 个县支行。同时，中国农业银行继续深化体制机制改革，进一步加大服务“三农”的投入力度，不断提升“三农”和县域金融服务水平。

政策性银行和其他金融机构改革继续推进。2011 年 4 月，国家开发银行获得全国社保基金理事会 100 亿元入股资金，有效充实了资本，提升了服务国民经济重大中长期发展战略的能力。中国进出口银行改革方案研究继续深入，改革发展工作持续推动。8 月，中国农业发展银行改革工作小组正式成立，并建立相关工作协调机制，明确了推进中国农业发展银行改革的重点工作和任务分工。中国信达资产管理公司引进战略投资者和中国华融资产管理公司商业化改革稳步推进。中信集团整体改制取得积极进展，中信集团有限公司和中信股份有限公司于 2011 年 12 月召开创立大会。中国邮政储蓄银行股改方案进一步细化，与中国邮政集团的关系逐步理顺。

专栏 4　金融资产管理公司改革取得积极进展

1999 年，为应对亚洲金融危机，有效化解金融风险，我国先后组建了信达、华融、东方和长城四家金融资产管理公司，专门收购、管理和处置大型商业银行剥离的不良资产。成立后，四家金融资产管理公司按照账面值接收了工、农、中、建四家大型商业银行和开发银行剥离的不良资产约 1.4 万亿元。2003 年以来，配合大型商业银行股份制改革和金融机构风险处置，四家金融资产管理公司又按照市场化方式收购了有关大型商业银行的不良资产，并接受有关部门委托处置部分高风险金融机构。四家金融资产管理公司自成立以来，充分运用国家赋予的政策和手段，加快对不良资产的有效处置和回收，在稳定银行体系、化解系统性金融风险、促进大型商业银行改革、推动国有企业改制、健全我国金融业组织结构以及培育不良资产市场发展等方面都发挥了积极的作用。实践证明，金融资产管理公司的组建和发展是我国金融体制改革的一项有益探索，对我国金融业稳健发展产生了积极而深远的影响。

与此同时，伴随着我国金融体系不良资产的逐步减少以及金融资产管理公司商业化业务领域的不断拓展，金融资产管理公司按照接收和处置政策性剥离不良资产要求而设立的体制、机制等与新的商业化业务运营的要求已不相适应，商业化改革的紧迫性日益凸显。为了加快推进金融资产管理公司商业化改革，2008 年经国务院批准成立了国家有关部门组成的金融资产管理公司改革工作小组，对金融资产管理公司财务重组、改革时机、管理体制和监管分工等问题进行深入研究。金融资产管理公司改革工作小组遵循“一司一策”的原则，坚持市场化基本取向，积极研究推进金融资产管理公司改革转型，探索多元化发展道路，做到成熟一家、改革一家。

2010 年，信达资产管理公司（以下简称信达公司）改革试点率先启动，明确以建立健全现代金融企业制度为目标，继续以不良资产处置为主业，以资产管理业务为核心，开展有市场需求的金融服务业务。2010 年 6 月底，信达公司挂牌成立股份有限公司。改制后，信达公司不断完善公司治理和运行机制，逐步加强风险管理和内控机制建设，盈利能力不断增强，综合实力明显提高。同时，信达公司积极推进引入战略投资者和上市工作。2012 年 3 月，全国社会保障基金理事会、瑞银集团（UBS AG）、中信资本控股有限公司和渣打银行四家境内外战略投资者入股信达公司，入股金额合计 103.7 亿元，持股比例合计占信达公司增资后股份总额的 16.54%。引入战略投资者后，信达公司将与其在资产管理、投融资、投资银行等多个业务条线以及公司治理、风险管理、人力资源培训等众多领域开展广泛合作。

在国家有关部门的支持以及自身努力下，华融资产管理公司（以下简称华融公司）转型改制的条件逐步成熟，并于 2011 年完成了改制的审计、评估、法律调查等基础性工作，具备了转型改制的基础。2012 年 1 月，华融公司转型改制方案获得国务院批准。华融公司在继续做好不良资产经营处置工作的基础上，将重点发展银行、信托、租赁等与银行业相关的业务，同时保留证券业务。华融公司商业化改革的总体目标是，通过深化改革，转换经营机制，增强市场竞争力，努力建设成为治理规范、管控有力、服务专业、文化先进、业绩一流的现代金融服务企业。目前，华融公司正在稳步落实转型改制各项工作。此外，东方、长城资产管理公司也在加快推进内部改革，为商业化改革积极做好准备。

（三）全面参与国际银行业监管改革，新监管标准框架初步形成

积极参与国际银行业监管改革和标准制定。 人民银行和银监会积极发挥在金融稳定理事会（FSB）、巴塞尔银行监管委员会（BCBS）中的作用，深度参与相关标准和准则的制定。2011 年，在各成员经济体的共同努力下，BCBS 出台了全球系统重要性银行（G-SIBs）的评估方法及额外资本要求等国际银行业监管标准，FSB 发布了《金融机构有效处置机制的核心要素》等准则，进一步完善了系统重要性金融机构评估、监测和处置政策框架。

稳妥推进国际银行业监管新规在中国的实施。 随着巴塞尔协议Ⅲ出台，我国积极梳理现有监管规则，借鉴国际银行业监管改革最新成果，稳妥推进巴塞尔协议Ⅲ在中国的实施。人民银行会同有关部门研究制定宏观审慎管理框架，丰富宏观审慎管理工具和手段，运用差别准备金动态调整机制，引导商业银行合理把握信贷投放节奏和总量；探索在最低资本充足率的基础上计提逆周期资本缓冲；指导商业银行有针对性地开展压力测试，提升系统性金融风险防范能力。银监会发布了《关于我国银行业实施新监管标准的指导意见》，明确了实施路线图；拟定有关商业银行资本和流动性监管政策并公开征求意见；制定杠杆率、贷款损失准备等规定，为新监管标准的顺利出台奠定基础。

二、稳健性评估

资产质量整体提升，重点领域风险管控仍需加强。 2011 年，银行业金融机构不良贷款余额和不良贷款率继续实现低位“双降”（见图 2-5）。截至年末，商业银行不良贷款余额 4 279 亿元，比年初减少 57 亿元；不良贷款率 0.96%，比年初下降 0.17 个百分点。同时，拨备覆盖率继续保持较高水平。截至年末，商业银行拨备覆盖率 278.1%，同比提高 60.4 个百分点；贷款损失准备充足率 295.1%，同比提高 64.4 个百分点。但受经营环境和结构调整等因素影响，部分地区、行业和企业的景气度下降，银行业不良贷款反弹压力增大。部分机构逾期贷款占比明显上升。

资本充足水平基本稳定，资本补充压力有所加大。 2011 年，商业银行通过多种方式补充资本 1.4 万亿元，其中留存收益 8 960 亿元，股权融资 1 422 亿元，混合资本债券和次级债券融资 3 020 亿元。截至年末，商业银行资本充足率 12.7%，同比提高 0.5 个百分点（见图 2-6）。其中，大型商业银行资本充足率 12.6%，同比提高 0.54 个百分点；股份制商业银行资本充足率 11.54%，同比提高 0.49 个百分点；城市商业银行资本充足率 13.57%，同比

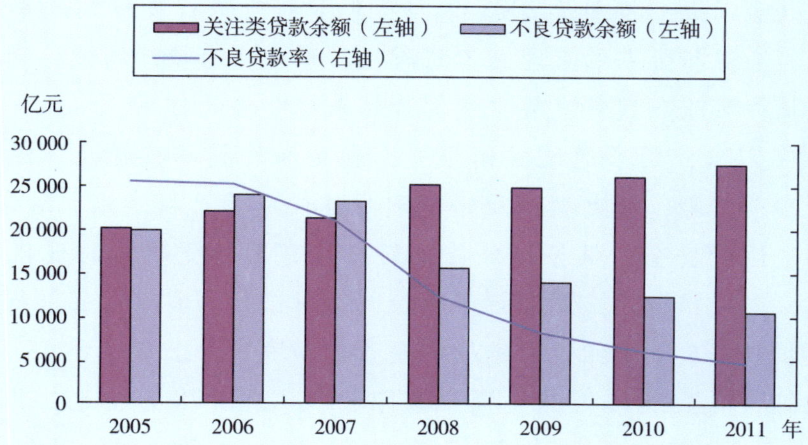

数据来源：中国银监会。

图 2-5　银行业关注类贷款余额及不良贷款变化情况

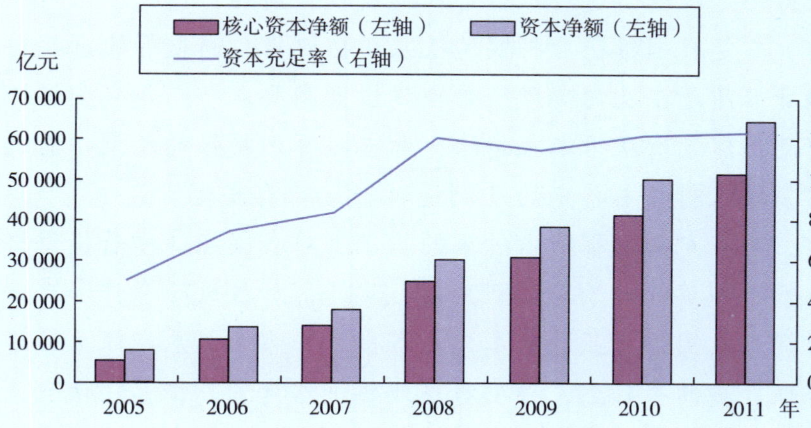

数据来源：中国银监会。

图 2-6　近年来银行业金融机构资本充足率及其构成

提高 0.73 个百分点。随着金融服务实体经济的要求进一步提高和银行业监管标准趋于严格，商业银行资本补充压力加大，资本补充和约束机制亟待进一步完善。

专栏5 健全商业银行资本约束机制

改革开放以来，特别是2003年国有独资商业银行股份制改革启动以来，我国商业银行资本约束理念不断深化，资本实力持续增强，资本在我国银行业抵御风险和稳健发展中发挥着越来越重要的作用。

2003年以来，国家通过核销损失、剥离和处置不良资产、注资、公开上市等四个步骤，使大型商业银行逐步建设成为产权清晰、资本充足、内控严密、运营安全、服务与效益良好、具有国际竞争力的现代商业银行。同时，光大银行、广发银行等股份制商业银行和城市商业银行也纷纷通过增资扩股、改革重组、引进战略投资者和境内外上市等方式，不断夯实资本基础。截至2011年末，商业银行资本净额6.78万亿元，其中，核心资本约5.34万亿元，占78.76%；附属资本约1.44万亿元，占21.24%；核心资本充足率达到10.2%，资本充足率达到12.70%。资本质量保持在较高水平，损失吸收能力较强，资本约束机制初步发挥作用。

目前，商业银行资本约束机制建设面临新的形势和挑战。一是当前及未来一段时期，我国经济仍将保持较快增长水平，而以间接融资为主的融资格局短期内难以改变，实体经济资金来源将主要依赖银行贷款，信贷投放仍需保持一定增速，这对银行资本形成较大消耗，增大了银行业的资本补充压力。二是我国银行业将实施巴塞尔协议Ⅲ，新监管规则将对银行资本数量和资本质量以及内部风险管理提出更高要求。三是我国银行业信贷扩张的冲动仍然没有从根本上消除，资本对资产扩张的约束功能远未真正发挥，信贷扩张对资本补充的“倒逼机制”时有发生。

当前，为在充分发挥资本约束的基础上对我国经济增长提供持续信贷支持，亟须进一步加大改革创新力度，从降低加权风险资产和有效补充资本两方面提高我国银行业的资本充足水平。一方面，应在简单、透明和风险成本合理分担的基础上，稳妥有序地推进信贷资产证券化试点、信用风险缓释工具等金融创新，丰富商业银行灵活调整资产负债结构和合理分散信用风险的工具，提高银行科学管理资产规模的能力，节约资本占用。另一方面，研究探索和试点推广应急资本、优先股等新的合格资本工具，解决我国银行业资本结构比较单一、融资成本高的问题。此外，强化资本对资产扩张的制约作用，有效控制银行信贷增长，督促商业银行合理把握信贷投放总量和节奏。同时，不断提高直接融资比例，尽快改变目前过度依赖间接融资的融资结构，切实提高金融服务实体经济的能力和水平。

盈利大幅增长，增速可能难以维持。2011 年，银行业金融机构实现净利润 1.25 万亿元，同比增长 39.3%，其中商业银行实现净利润 1.04 万亿元；资产利润率 1.2%，资本利润率 19.2%，同比分别上升 0.17 个和 1.7 个百分点；非利息收入占比 19.3%，比上年提高 1.8 个百分点（见图 2-7）。随着银行业改革红利逐渐消失，经营环境日趋复杂多变，不良贷款反弹压力加大，近年来的盈利高增长局面将难以持续。

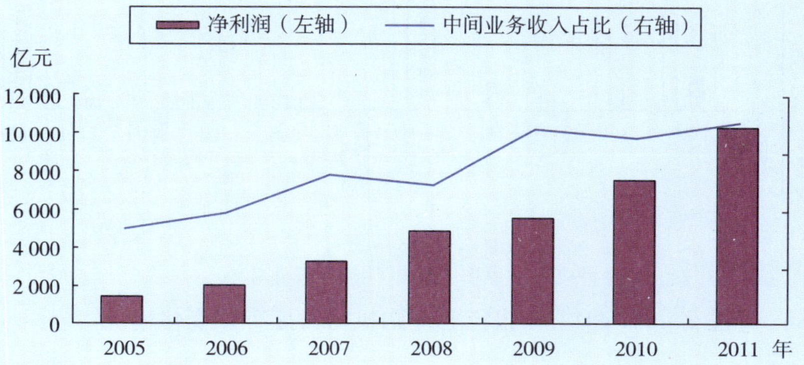

数据来源：中国银监会。

图 2-7 商业银行盈利水平和中间业务收入占比的变化趋势

存款增长放缓，流动性管理面临较大压力。截至 2011 年末，银行业金融机构各项存款增速比上年末低 6.3 个百分点。分部门看，住户存款增速相对平稳，非金融企业存款增速总体放缓。银行业金融机构存款竞争日趋激烈，流动性压力上升。截至年末，银行业金融机构流动性比例 44.7%，同比上升 1.03 个百分点。银行业金融机构超额备付金率全年处于低位。全年存款双向波动近 3 万亿元，1 月、7 月、10 月分别下降 6 200 亿元、7 300 亿元、1 800 亿元，银行业金融机构流动性管理面临较大压力（见图 2-8）。

表外业务增长较快，理财业务风险应予关注。截至 2011 年末，银行业金融机构表外业务（含委托贷款和委托投资）余额为 39.16 万亿元，为表内总资产的 35.1%，同比增加 5.96 万亿元，增长 17.98%。2011 年，在宏观调控政策由适度宽松转向稳健的情况下，银行承兑汇票和委托贷款等业务呈现出快速增长态势，年末余额分别为 6.68 万亿元、4.96 万亿元，同比分别增长 20.14% 和 29.38%。截至年末，商业银行理财产品资金余额 4 万亿元。发展中长期理财产品有利于拓宽融资渠道，满足居民财富管理的需求。但理财产品也出现了短期理财产品发行量较大、超短期理财产品预期收益率过高、采取混合资产池投资操作等现象，不规范的理财经营活动增加了银行的风险，干扰了金融市场秩序。

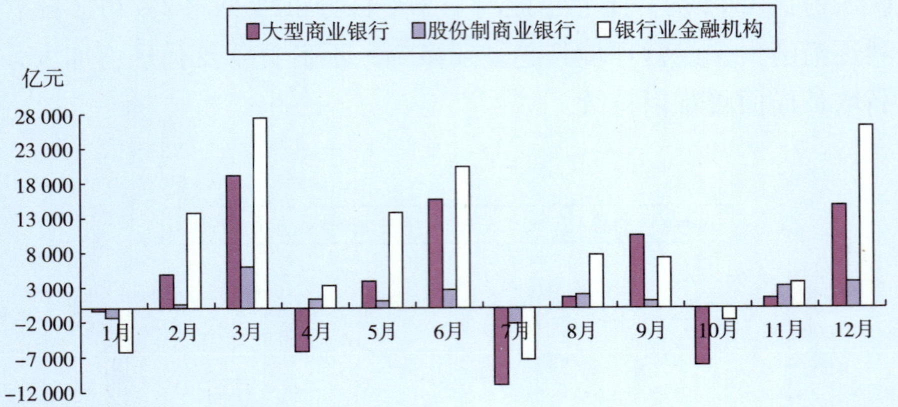

数据来源：中国人民银行、中国银监会。

图2－8　2011 年银行业金融机构月度存款变化情况

具有金融功能的非金融机构发展迅速，监管有待加强。截至 2011 年末，全国共有小额贷款公司 4 282 家，典当行 5 237 家，融资性担保公司 8 402 家。具有金融功能的非金融机构对支持“三农”和小微企业发展、促进社会投融资发挥了积极作用。但这些机构的内部管理大都较为薄弱，风险防范能力较低，再加上缺乏规范而严格的监管体系和制度，违规经营现象时有发生。一些地方开展融资活动的非金融机构偏离主业，违规进行高息借贷甚至演变为非法集资，形成个别地区的风险事件。

三、展望

2012 年，银行业面临的经营环境将更加复杂，市场竞争日趋激烈，转型发展的任务将更加艰巨。银行业金融机构需将应对挑战与把握机遇有机地结合起来，未雨绸缪，稳中求进，不断推动改革创新和结构调整，为长期可持续发展奠定更为坚实的基础。

落实稳健的货币政策，有效支持实体经济发展。银行业金融机构需坚持金融服务实体经济的本质要求，确保资金投向实体经济，努力服务于经济发展方式转变，全面提高服务实体经济的质量和水平。切实加大对战略性新兴产业、节能环保、科技创新、现代服务业、文化产业的金融支持力度。继续落实差别化住房信贷政策，加大对保障性安居工程和普通商品住房建设的支持力度，满足首次购房家庭的贷款需求。加快解决农村金融服务不足、小微企业融资难问题，加大对农业科技和农村基础设施建设等重点领域和薄弱环节的支持力度，加强对符合国家产业政策和审慎性信贷条件的小微企业的金融扶持，积极开展适合小微企业需求的金融产品和信贷模式创新。

深化金融机构改革，进一步推进现代金融企业制度建设。继续深化大型商业银行改革，推动大型商业银行不断完善公司治理，建立现代金融企业制度，深化内部治理和风险管理，提高创新发展能力和国际竞争力。扎实推进中国农业银行“三农金融事业部”改革，促进其全面改进“三农”金融服务。统筹考虑政策性金融的总体发展，坚持分类指导、“一行一策”的原则，深化国家开发银行商业化改革，研究推动中国进出口银行和中国农业发展银行改革。继续推动中国邮政储蓄银行深化改革、资产管理公司商业化转型等工作。

专栏6　国际上政策性金融改革和发展的最新动态

政策性金融在世界各国国民经济和社会发展中具有不可替代的作用。从国际发展趋势看，政策性金融机构的政策性功能逐步缩减，更多的政策性业务通过市场化方式运作。但在金融危机等特殊时期，政策性金融机构在应对危机、促进经济结构调整等方面的政策性功能有所强化，其改革发展出现新动向。

许多国家政策性金融机构继续发挥积极作用，支持本国经济发展。2011年，美国进出口银行共提供320亿美元的出口融资，比2008年增长了127%，连续三年创出新高，其中60亿美元的出口融资服务于美国中小企业，比2010年增长了20%。泰国进出口银行大力支持中小企业出口业务，2011年1~9月共为泰国中小企业提供1 289.8亿泰铢的出口信贷，占其出口信贷总额的39%。日本政策投资银行（DBJ）扩大对大中型企业贷款、商业票据认购、为大中型企业提供债务担保等业务。日本国际协力银行（JBIC）增加贷款融资额度，介入中短期业务领域并扩大支持项目的范围。

部分国家调整政策性金融改革的方向或者推迟商业化改革进程。一是日本政府将日本国际协力银行重新独立出来，并推迟日本政策投资银行的民营化进程。2011年5月，《日本国际协力银行新法案》公布并开始实施，主要内容包括保持日本国际协力银行的政策性金融机构性质不变，强调改革目标是维持并提高日本产业的国际竞争力，将日本国际协力银行从日本政策金融公库中分离出来成为独立机构，将应对金融危机过程中的一些临时业务作为常规业务固定下来。按照该法案，新日本国际协力银行已于2012年4月成立。2011年5月，日本国会修订了《新日本政策投资银行法》，主要内容包括再次推迟日本政策投资银行的民营化进程至“2015年4月起5~7年后”，对启动日本政策投资银行改革设置财务基础、业务运营、资金来源等方面的前提条件，政府在2014年末之前必须确保持有至少1/3的日本政策投资银行股份并持续关注其经营状况。二是韩国政府延缓韩国产业银行（KDB）的私有化进程。2009年4月，韩国产业银行启动私有化改革，决定在当年9月底前分成商业银行、韩国产业银行控股公司（负责投资银行业务）和韩国政策金融公司（负责政策性金融业务），同时韩国政府在持股比例小于49%前延续对韩国产业银行债务担保。但受危机影响，韩国政府延缓了韩国产业银行私有化进程，宣布将原计划推迟到2014年后完成。尽管韩国产业银行自身积极寻求推进私有化进程，但至今尚无实质性进展。

部分国家积极构建出口政策性金融体系。2011年9月，越南政府公布了7家可在2011—2013年开展出口信用保险试点业务的保险公司名单，并对购买出口信用保险的出口企业实行20%的保费补贴，以降低出口信用风险，扩大出口贸易规模。俄罗斯政府计划成立出口信贷保险机构，作为俄罗斯外经银行的全资子公司，为非能源和高技术产品出口提供融资和付款担保，以改变一直以来由政府直接经办优惠出口贷款和出口信用担保的模式。

稳步推进金融创新，分散银行体系风险。适应经济社会发展需要，充分运用现代科技成果，促进科技与金融结合，继续稳步开展各类有益于服务实体经济发展的金融创新，推动扩大直接融资，促进多层次资本市场的发展和完善，分散银行体系风险。在坚持简单、透明和风险成本合理分担的基础上，积极推动扩大信贷资产证券化试点。稳妥有序地扩大商业银行投资设立基金管理公司试点，支持资本市场健康发展。

借鉴国际银行业监管改革成果，完善监管框架。结合我国银行业改革发展实际，构建与国际标准接轨的银行业监管框架，引导商业银行稳步实施新监管标准，强化资本管理，建立有效的资本约束机制，完善流动性管理框架。制定国内系统重要性金融机构的评估方法和监管规则，稳步推进系统重要性金融机构有效处置机制建设。

加强风险管控，进一步提升银行业稳健性水平。银行业金融机构需着力提高房地产贷款风险防范的针对性和有效性。继续强化地方政府融资平台贷款风险管理，积极有效推进风险缓释工作，在控制风险的前提下，继续支持有还款能力的项目建设，避免资金链断裂，严把新增平台贷款的投向和流向关口。在规范地方政府举债融资机制基础上，支持地方政府的投融资合理需求。积极应对利率市场化的挑战，进一步提升风险定价和风险管理能力，转变业务模式和增长方式，提高在市场竞争中对产品和服务进行科学合理定价的水平。加强流动性风险管理，提高精细化水平，特别是中小银行业金融机构要拓展资金来源渠道，解决存款客户单一、负债集中度过高等问题，有效降低流动性风险。加强对理财、信贷资产转让、同业代付等表外业务的风险管理。加强内部控制，严防各类案件和重大风险事件的发生。

密切关注具有金融功能的非金融机构的风险，切实维护金融稳定。加强对小额贷款公司、担保公司、典当行等非金融机构融资活动的监测分析，加大对非金融机构的管理力度，引导其规范发展。关注非金融机构违规经营行为，努力做到对各类风险事件早发现、早提示、早处置，防止局部风险演化为区域性风险乃至系统性风险。加强投资者教育，严厉打击非法集资等违法犯罪行为。金融机构需采取措施，防止非法集资、高利贷、金融传销、民间融资等领域风险向银行体系传递。

第三章

证券期货业

2011年，面对严峻的外部环境，证券期货业总体经营稳健，各项业务稳步发展，业务创新积极推进，监管不断强化，风险管控能力进一步提升。

一、运行状况

（一）各项业务稳步发展

经营主体不断增加。截至2011年末，全国证券公司109家，较上年新增3家。其中，上市证券公司18家，新增3家；期货公司161家，因行业兼并减少2家；基金管理公司69家，新增6家（见图3－1）。

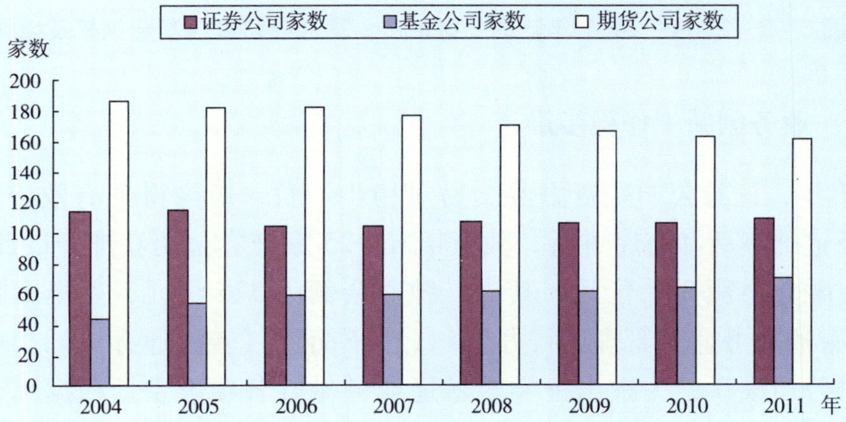

数据来源：中国证监会。

图3－1　2004—2011年证券期货经营机构数量

资产规模继续增长。截至2011年末，证券公司总资产[①]为9 010.9亿元，同比增加近1 397亿元，增长18.3%。期货公司总资产402亿元，同比增加68亿元，增长20.35%。基金管理公司共管理915只基金，基金总份额达2.65万亿份，同比增长5.16%，基金净值约2.19万亿元，同比下降13.02%（见图3－2）。

---

① 指不含客户资产的公司自有资产。若包含客户资产（客户资金存款＋客户备付金），证券公司总资产为15 727.58亿元，同比减少3 958.55亿元，降幅为20.11%。

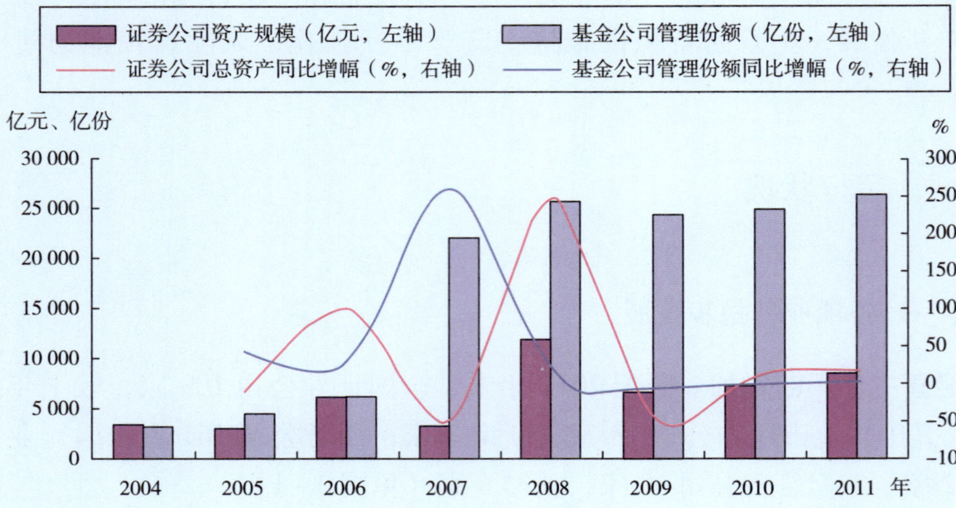

数据来源：中国证监会。

图3-2　2004—2011年证券公司资产、基金公司管理基金规模及增幅

（二）业务创新工作稳步推进

2011年，证券公司融资融券交易量稳步增长，风险得到有效控制，市场交易和登记结算活动有序进行。截至年末，25家证券公司获准开展此项业务，两市融资融券余额383亿元，其中，融资余额为376亿元，融券余额为7亿元。《转融通业务监督管理试行办法》（以下简称《转融通办法》）颁布实施，证券金融公司成立，为推出证券转融通业务做好各项准备。根据《证券公司业务（产品）创新指引（试行）》，8家证券公司分别开展报价回购、约定购回式交易和现金管理产品等3项创新试点。证券公司直投子公司累计达34家，新增4家。期货公司投资咨询业务顺利推出，截至年末，47家期货公司取得投资咨询业务资格。《基金管理公司特定客户资产管理业务试点办法》的发布，为基金公司扩大专户理财业务试点，实现差异化发展创造了条件。

专栏7　证券转融通业务

转融通业务，是指证券金融公司将自有或者依法筹集的资金和证券出借给证券公司，以供其办理融资融券业务的经营活动。适时推出转融通，为证券公司开展融资融券业务提供资金和证券支持，是促进我国融资融券交易机制逐步完善、健全证券市场功能的重要内容。

2010年3月，证券公司融资融券业务试点启动。融资融券业务是成熟市场的常规业务之一，投资者通过向证券公司融券卖出或融资买入，增强了市场的价格发行功能，并提高了市场流动性。试点阶段，由于证券公司只能使用自有资金和证券开展业务，融资融券业务规模一直难以扩大，不能完全满足客户的需求，限制了融资融券业务功能的发挥。为解决资金和证券来源问题，2011年，证券监管部门发布了《转融通办法》，明确了转融通业务相关规则，并成立了证券金融公司。

证券金融公司的自有资金和证券数量有限，在运营中还需要融入资金和证券，以向证券公司提供转融通服务。根据《转融通办法》的规定，证券金融公司开展转融通业务，除使用自有资金和证券外，融入资金和证券的方式主要有四种：一是依照《公司法》、《证券法》等有关规定，发行公司债券；二是向股东或者其他特定投资者借入次级债；三是按照证券交易所的业务规则，通过证券交易所的业务平台融入资金和证券；四是通过证券金融公司的业务平台融入资金。

转融通业务不仅涉及资本市场、货币市场等多个市场，还涉及银行、证券公司、基金公司和保险公司等金融机构，具有典型的跨市场、跨机构的业务特征。证券金融公司是提供转融通业务的唯一机构，集中承担了市场的各类风险，具有系统重要性。《转融通办法》明确了证券金融公司需满足的风控指标，并建立了行业性的互保基金以应对可能的系统性风险。但由于转融通是一项创新业务，其风险特征并未充分暴露，相关风险防范措施也未经历极端市场情况的考验，有必要建立跨部门的监管协调机制，加强信息共享，推进跨市场、跨行业的风险监测。

（三）对外开放工作稳步推进

2011年，境外合格机构投资者（QFII）参与境内市场投资取得新进展，全年新增29家QFII。截至年末，135家QFII获得投资额度216.4亿美元。离岸人民币投资境内资本市场（RQFII）试点启动，9家基金公司、12家证券公司取得业务资格。境内投资港股交易所交易基金（港股ETF）的准备工作基本完成。同时，合格境内机构投资者（QDII）业务有序开展，全年新增22只QDII基金，QDII基金募集规模约188.5亿元。境内证券公司和基金管理公司积极探索在香港开展业务，截至年末，已开业的证券公司香港子公司达16家，在香港设立的基金管理公司子公司达到15家。证券公司对外开放工作稳步推进，1家合资证券公司获准设立。

（四）监管不断强化

在证券公司监管方面，借鉴国际监管的经验，组织开展全行业统一的压力测试，推动证券公司将压力测试引入风险管理体系；加强对各项业务尤其是股指期货、融资融券等新业务风险的动态监测和分析；督促证券公司健全完善并严格执行信息隔离墙制度，切实防范公司与客户、客户与客户之间的利益冲突和内幕交易。在期货公司监管方面，修订期货公司分类监管制度，进一步引导期货公司深化中介职能定位，鼓励优质期货公司通过兼并重组做强；重点关注期货公司风险控制能力、信息技术水平，摸清中介机构服务能力和潜在风险点，提高了监管工作的有效性和针对性。在基金管理公司监管方面，加强对基金的日常监控和风险提示，及时跟踪处置基金债券投资的信用风险及多起基金停牌估值事件；查处3起基金行业的“老鼠仓”案件，并将2名涉案人员移交司法机关追究刑事责任，发挥了较好的震慑和教育作用。

专栏8　积极参与国际证券监管规则的制定和修订

全球金融危机爆发后，国际证监会组织（IOSCO）针对金融领域发生的变革进行了战略方向调整，首次明确了自身作为“全球证券市场监管标准制定者”的角色定位。为此，IOSCO修订了《证券监管的目标和原则》，并启动了监管规则研究、制定以及系统性风险防范等方面的工作。证券监管部门认真贯彻“十二五”规划中提出的“参与国际金融规则修订”的工作部署，增派人员加入IOSCO下设的各常设委员会，积极参与相关监管规则的讨论、修订和制定工作，与其他成员机构一起共同起草中介机构资本监管、投资者适当性管理、信用评级机构内控制度等规则和指引，加强了与境外监管机构的国际合作，提升了我国在国际证券监管领域的影响力。

同时，证券监管部门研究借鉴国际金融监管改革的经验，探索将国际监管规则与我国资本市场实际相结合。资本监管方面，改进完善以净资本为核心的风险控制指标体系和压力测试工作机制，动态调整风控指标值，支持证券公司扩大业务规模，提高资金使用效率。投资者保护方面，吸收借鉴投资者适当性管理的相关理念，制定和修订《证券公司销售金融产品暂行规定》、《证券公司投资咨询机构管理规定》、《证券公司客户资产管理业务试行办法》等法规及实施细则。

二、稳健性评估

（一）证券公司总体经营稳健，抗风险能力较强

截至2011年末，证券公司净资产总额6 303亿元，净资本总额4 634亿元，连续三年稳步增加（见图3－3）。证券公司期末各项风险资本准备之和为1 057亿元，净资本与各项业务风险资本准备之和的比为439%，净资本/净资产为74%，净资本/负债为49%，净资产/负债为67%，各项风控指标近三年总体呈现逐步向好的态势（见表3－1），显示全行业总体流动性充足，负债水平较低，抵御市场风险能力较强。证券公司全行业压力测试显示，行业在面临市场变化、业务发展及政策调整等多方面的压力情景下，总体仍能保持稳健运行。

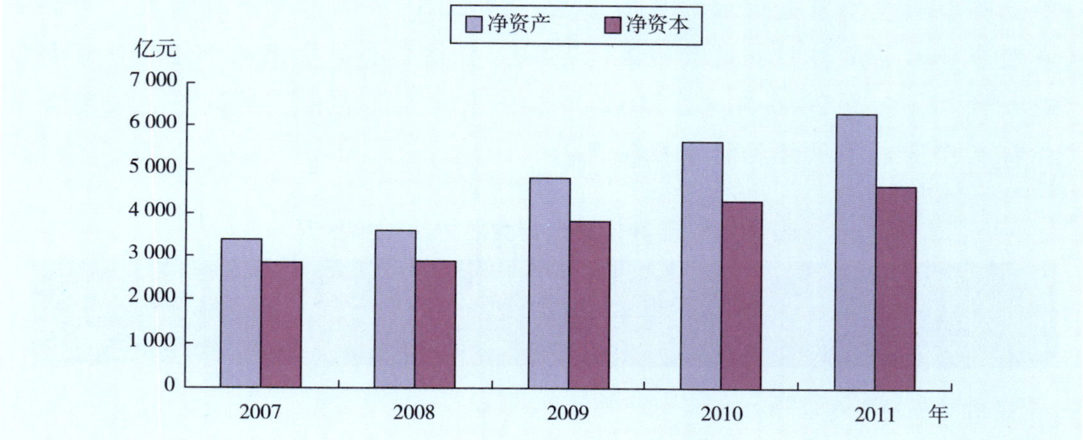

数据来源：中国证监会。

图3－3　2007—2011年证券公司净资产和净资本变化情况

表3－1　近三年证券公司各项风险监控指标变化情况

年份	2009	2010	2011	监管要求
净资本/各项业务风险资本准备之和（%）	391.51	391.78	438.54	≥100
净资本/净资产（%）	78.91	76.12	73.53	≥40
净资本/负债（%）	24.73	30.83	49.17	≥8
净资产/负债（%）	31.34	40.50	66.87	≥20

数据来源：中国证监会。

专栏9　证券公司压力测试

2011年3月，为评估证券行业整体风险状况，促进证券公司持续稳健经营，中国证券业协会发布《证券公司压力测试指引（试行）》，指导证券公司建立健全压力测试机制，提高风险管理水平。根据该指引，证券公司压力测试是指采用以定量分析为主的风险分析方法，测算压力情景下净资本等各项风险控制指标和财务指标的变化情况，评估风险承受能力，并采取必要应对措施的过程。2011年7月，中国证监会首次对证券公司进行全行业压力测试。

本次压力测试采用情景压力测试法，对全行业106家证券公司（不含2011年新成立的3家公司）设定统一的压力情景[①]（见表3-2），包括A股市场日均交易额增减幅度、经纪业务战略性投入增减幅度、A股市场筹资额增减幅度、沪深300指数涨跌幅度、基准利率加息幅度等5个对证券业务有直接、重大影响的风险参数，以2010年末的资产负债表、利润表及净资本等风控指标监管报表为基础，并结合公司未来两年经营计划和财务预算，测算2011年末、2012年末公司收入、支出、利润等主要财务指标及净资本等风控指标承压情况。

表3-2　证券公司全行业压力测试参数表

参数	轻度情景假设		重度情景假设	
	2011年	2012年	2011年	2012年
A股市场日均交易额增减幅度（%）	-20	-10	-30	-15
经纪业务战略性投入增减幅度（%）	20	10	30	15
A股市场筹资额增减幅度（%）	-30	-15	-45	-25
沪深300指数涨跌幅度（%）	-15	-5	-30	-10
基准利率加息幅度（BP）	100	25	150	50

数据来源：中国证券业协会。

① 压力测试中假设的压力情景仅是为了考察证券行业在面临各种可能的压力情景时的整体风险承受能力，不代表有关部门对实体经济、股票市场、证券行业未来走向的预测或判断。

在测试区间内，在设定压力情景下，证券行业总体风险在可承受范围之内。总体来看，即使在重度压力情景下，全行业净资本仍比较充足、流动性仍较为充裕。但经营财务指标对股市行情较为敏感，行业“靠天吃饭”特征仍比较明显，随着压力情景的程度加深、时期拉长，证券公司亏损的比例增大，显示出较为明显的顺周期特征。

目前证券公司压力测试体系尚待完善，数据支持、模型构建和应对方案等方面有待改进。下一步，在全面总结本次压力测试经验的基础上，将不断完善和改进证券业压力测试框架和方法，把压力测试转化为全面风险管理的基础工具，促进行业经营水平的提升。

（二）证券公司收入受市场波动影响明显，业务结构有待改善

受股市波动影响，2011 年全行业实现营业收入 1 360 亿元，同比下降 29%。其中，手续费及佣金净收入 955 亿元，同比下降 30%，自营业务收入（含投资收益和公允价值变动收益）185 亿元，同比下降 50%（见图 3－4），利息净收入 194 亿元，同比增长 24%。全年累计实现净利润 394 亿元，同比下降 50%。

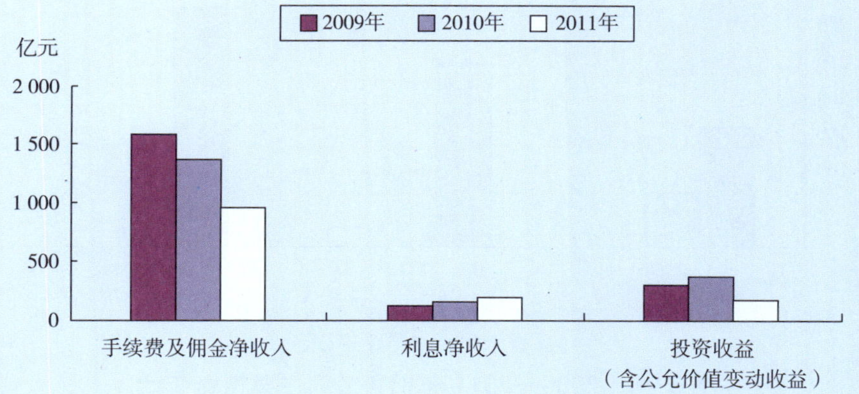

数据来源：中国证监会。

图 3－4　2009—2011 年证券公司收入对比

从收入构成看，证券公司营业收入主要来源仍然是证券经纪等业务，代理买卖证券业务净收入占营业收入的 51%，略低于上年 56% 的水平，盈利模式单一的状况未得到根本性改变。证券公司各项业务和产品同质化特征明显，专

业服务水平有待提升，创新能力亟待加强，服务的深度和广度难以满足我国实体经济多样化的投融资需求。

（三）期货市场风险防范和化解机制基本建立，期货公司综合实力仍然较弱

截至2011年末，期货行业客户保证金接近1 594亿元，可用于应对市场风险的各项准备金为108.5亿元，其中，期货公司风险准备金19亿元，期货交易所风险准备金68亿元，期货投资者保障基金21.5亿元，行业抗风险能力增强。但与其他金融机构相比，期货公司综合实力仍然较弱。截至2011年末，全国共有期货公司161家，合计净资本总额329亿元，平均每家公司仅2亿元，单体实力较弱。2011年底，排名前十位的期货公司净资本仅占全行业的28%，客户保证金仅占32%，手续费收入仅占28%。长期以来，期货公司收入来源单一，主要依靠经纪业务手续费和客户保证金存款利息。2011年，161家期货公司营业收入为153亿元，其中经纪业务手续费99.8亿元，客户保证金利息收入32亿元，全年净利润为23亿元（见图3－5），部分期货公司甚至出现净亏损。

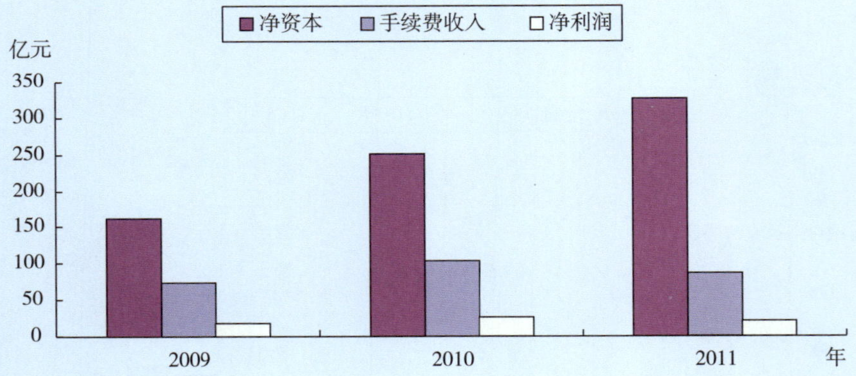

数据来源：中国证监会。

图3－5　2009—2011年期货公司主要指标变动

（四）证券投资基金总体发展平稳，货币市场基金流动性管理难度加大

截至2011年末，证券投资基金规模为2.19万亿元，其中，开放式基金占比为94.4%。在开放式基金中，股票型基金和混合型基金占比为77.1%，债券型基金和货币市场基金占比为20.1%。针对基金管理公司因法律风险、技术故障和操作风险等原因而可能引起的赔偿责任，基金行业建立了风险准备金制度。截至2011年末，所有基金管理公司的风险准备金金额为154亿元，行

业抗风险能力较强。总体来看，证券投资基金呈平稳发展态势，但个别类型的基金如货币市场基金规模年内出现大幅波动，因赎回压力面临的流动性管理难度加大。2011 年 6 月末，货币市场基金规模由上年末的 1 532.77 亿份下滑至 1 181.32 亿份，降幅高达 21.7%。下半年，货币市场基金份额大幅增加，截至年末，货币市场基金规模扩大到 2 948.95 亿元，较 6 月末增长 150%。造成货币市场基金规模波动的多种因素中，银行理财产品对货币市场基金影响较大。上半年，银行理财产品发展迅速，部分银行理财产品特别是超短期产品对货币市场基金具有较强的替代性，且收益率普遍高于货币市场基金，诱发了投资者对货币市场基金的赎回。下半年，随着有关部门对银行理财产品的规范，货币市场基金呈现净申购。

（五）私募股权投资基金发展迅速，亟待规范引导

2011 年，我国私募股权投资基金行业继续保持快速增长势头。据清科研究中心统计，2011 年全国共有 617 只可投资于我国大陆地区的股权基金完成募集，是上年的 2.57 倍，募资总额达 670.60 亿美元，是上年的 1.73 倍。行业发展出现新情况：一是金融机构开始涉足私募股权投资基金行业。证券公司获准成立直投基金，募集并管理客户资金进行股权投资；中国人寿和中国平安等保险机构既可以直接投资未上市企业，也可以通过投资基金的方式开展股权投资业务。二是合格境外有限合伙人（QFLP）试点政策相继出台。上海、北京、重庆和天津等地颁布 QFLP 在当地的实施办法，境外机构投资者将境外资金兑换为人民币资金作为有限合伙人参与国内股权投资工作稳步推进。三是股权投资机构探索多元化投资策略，参与企业定向增发案例逐步增加。

私募股权投资基金的发展，在支持中小企业融资、优化企业融资结构、促进产业结构调整中发挥了重要作用。但由于我国私募股权基金行业发展历史较短，快速发展过程中也暴露出一些不容忽视的问题，一些私募股权基金违规经营，蕴含潜在的风险，有待加强政策引导，规范其健康发展。

专栏 10　私募股权投资基金

私募股权投资基金（Private Equity，PE）是指通过非公开方式募集资金，对企业进行权益性投资，并提供经营管理、财务管理等增值服务，使所投资企业价值增值，然后通过股权转让获得回报的专业投资机构。根据主要投资对象所处发展阶段的不同，私募股权投资基金主要可分为创业基金（Venture Capital，VC）和非创业型股权投资基金。

目前活跃在国内的私募股权投资基金主要包括四类：一是设立在国外但投资于我国的股权投资基金，如黑石集团、凯雷投资集团等；二是以海外资金为主但在国内设立的基金，如弘毅投资、鼎晖投资等；三是国有资本主导的基金，如渤海产业投资基金、深圳市创新科技投资有限公司等；四是以民间资本为主的基金等。

目前私募股权投资基金快速发展中暴露出的主要问题有：一是投资结构不合理。目前私募股权投资基金同质化现象比较突出，大量基金集中于投资拟上市公司，从事早中期投资的创业基金相对缺乏。部分基金盲目发展，基金融资和行业投向可能影响宏观调控效果，蕴含较大的金融风险。二是部分私募股权投资基金运作不规范。一些私募股权投资基金涉嫌变相公募，存在非法集资苗头，一旦出现风险可能影响社会稳定。三是行业监管有待加强。目前，尚未明确私募股权投资基金的行业监管主体，仅对一定规模以上的股权投资企业提出备案要求，在行业持续监管方面存在分歧和欠缺。四是专业人才缺乏，增值服务能力较弱。

为促进私募股权投资基金行业健康规范发展，应借鉴国际经验，结合我国的实际情况，坚持私募股权基金适度监管的理念，对超过一定规模、具有系统重要性的基金及其管理人予以监管。加强行业自律机制建设，提高行业自身发展规范性。同时加强投资者教育，完善资本市场相关制度建设，促进创业基金和非创业型股权投资基金均衡发展。

三、展望

2012年，证券期货业面临的经营环境将更加复杂，提升服务能力、实现自身转型发展的任务将更加迫切。下一步，需继续深化改革，稳步推进对外开放，大力鼓励创新，着力培育证券期货经营机构核心竞争力，积极提高其为实体经济服务的水平。

推进证券公司专项创新业务试点，引导优化收入结构。引导证券公司拓宽创新思路，充分发挥自身优势，研究开发创新业务和产品；密切跟踪、监测和分析现金管理产品、报价回购和约定购回式证券交易等3项创新业务（产品）的试点运行情况，认真总结试点经验，适时扩大试点或转入常规业务。鼓励证券公司探索多渠道盈利模式，优化收入结构。完善资产管理业务监管细则，支持证券公司丰富资产管理产品，提高资产管理能力；研究制定证券公司销售金融产品的业务规则，支持证券公司围绕自身功能定位，探索综合金融服务模式。

鼓励基金管理公司、期货公司加强创新，提高服务能力。继续支持基金管理公司进行产品创新，重点推动跨境交易所交易基金（ETF）产品。继续推动QDII法规的修订工作，为扩大QDII业务试点奠定法规基础。继续跟踪基金参与转融通和融资融券业务的情况，继续研究保障性房地产信托投资基金（RE-ITs）推出的可行性。鼓励期货公司建立试错纠错机制，激发其自主创新活力，对创新方案经过综合评估后允许有条件的期货公司进行试点，引导期货公司拓宽服务渠道，更好地满足实体经济发展需求。

加强行业诚信建设，切实维护投资者权益。扎实推进资本市场电子化信息披露体系建设，加强证券期货从业人员诚信信息管理，加大对违法失信行为的惩戒力度，逐步在行政许可、日常监管、业务创新等领域实施诚实守信的正面激励措施。坚决打击内幕交易等证券期货违法违规行为，对于涉嫌内幕交易的并购重组项目要暂停审核，加大对市场操纵、欺诈上市、虚假披露等行为的打击力度。

稳步推进证券期货机构对外开放，培育国际竞争力。坚持“以我为主、竞争合作、循序渐进、互利共赢”的原则，稳步推进期货行业对外开放。在现有《关于建立更紧密经贸关系的安排》（CEPA）框架基础上，研究扩大引进在衍生品领域具有国际竞争力的境外机构参股期货公司，稳步推进期货公司合资步伐。加快期货公司境外期货经纪业务试点筹备工作步伐，研究期货公司代理QFII进入境内期货市场的途径和方式。同时，鼓励基金管理公司“走出去”，到中国香港、台湾及海外设立分支机构。继续推进和支持境内机构开展境外募集业务。适当加快引进QFII的步伐，增加其投资额度。逐步扩大RQFII试点范围和投资额度，适时推出双向跨境ETF。

第四章

保 险 业

2011 年，保险业继续深化机构改革、扩大开放、完善监管制度、规范市场秩序，总体上保持了平稳发展态势，行业风险得到有效防范，服务能力有所提升。

一、运行状况

（一）资产规模持续扩大，组织体系不断完善

截至 2011 年末，保险业总资产 6.01 万亿元，同比增长 18.99%（见图 4－1）。保险机构 152 家，新增 10 家。其中，保险集团和控股公司 10 家，财产险公司 59 家，人身险公司 62 家，再保险公司 8 家，资产管理公司 11 家，出口信用保险公司 1 家，农村保险互助社 1 家。保险专业中介机构 2 554 家，新增 4 家。财产险公司中，最大公司市场份额为 36.3%，同比下降 1.9 个百分点；最大 5 家公司市场份额为 74.4%，同比下降 0.3 个百分点。寿险公司中，最大公司市场份额为 33.3%，同比上升 1.6 个百分点；最大 5 家公司市场份额为 72.8%，与上年持平。

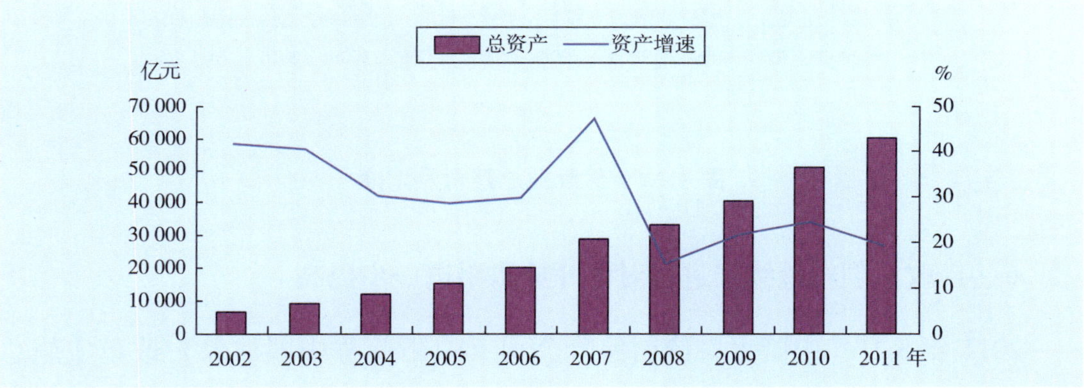

数据来源：中国保监会。

图 4－1　保险业总资产及增速

（二）保费收入平稳增长，服务领域不断拓宽

2011 年，全国保险业实现保费收入 1.43 万亿元，同比增长 10.4%[①]。保

① 自 2011 年起，保险业根据财政部《企业会计准则解释第 2 号》调整了保险收入确认原则：对于无保险风险或保险风险不重大的保单不能确认为保险合同，计量时，该类保单不能计入保费收入。根据新口径，投连险、万能险中大部分保单不再计入保费收入。此处是按可比口径调整后计算的数值。

险赔款和给付3 929.4亿元，同比增长22.8%（见图4－2）。保险服务领域继续拓宽。保险业加快推进健康保险、养老保险发展，推动农村小额保险试点，参与新型农村合作医疗经办服务，上海、北京、广州、深圳、厦门等五地正式启动变额年金保险试点。保证保险、农业保险、责任保险、信用保险等非车险财产险业务快速增长，分别实现保费收入56.5亿元、174亿元、148亿元和115.5亿元，同比分别增长146.6%、28.1%、27.7%和20.3%，其中，农业保险为农业提供风险保障6 523亿元，出口信用保险提供风险保障金额2 162.4亿美元，有力地支持了我国经济发展。

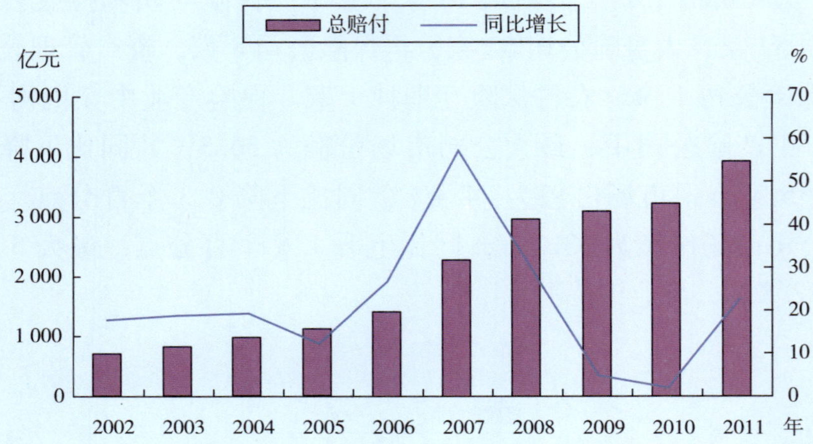

数据来源：中国保监会。

图4－2　保险业总赔付及增速

（三）改革创新继续推进，对外开放水平进一步提高

2011年5月，中国出口信用保险公司（以下简称中国信保）改革实施总体方案获国务院批准，6月末，中投公司向中国信保注资200亿元。6月，中国人民保险集团股份有限公司引入战略投资者。12月，新华人寿保险股份有限公司以A＋H股方式成功上市，募集资金约133亿元。通过改革，保险公司资本实力和抗风险能力显著增强。同时，保险业启动商业银行投资保险公司股权试点，探索设立自保公司和农村保险互助社，推进营销员管理体制改革。我国加入世界贸易组织十年来，保险业基本实现了全面对外开放。外资可设立独资财产险公司，在人身险公司的股权占比最高可达50%。外资保险公司可经营除法定业务外的其他保险业务。截至年末，共有16个国家和地区的保险公司在我国设立了54家外资保险公司，设立各级分支机构近1 300家。北京、

上海、广东和深圳的外资保险公司发展较快，市场份额分别为11.28%、14%、6.7%和6.02%。

专栏11　人保集团改革

中国人民保险集团股份有限公司（以下简称人保集团股份公司）的前身是1949年成立的中国人民保险公司。1996年，中国人民保险公司改制为中国人民保险（集团）公司，下设中保财产保险有限公司等4家子公司。1998年，保险业分业经营，中保财产保险有限公司继承了中国人民保险公司的名称和品牌。2003年，中国人民保险公司改制为中国人保控股公司，并发起设立了中国人民财产保险股份有限公司和中国人保资产管理有限公司（以下分别简称人保财险、人保资产），其中人保财险于2003年在香港率先上市。2007年6月，中国人保控股公司复名为中国人民保险集团公司（以下简称人保集团）。人保集团作为国有独资公司，拥有人保财险、人保资产等10家一级控股子公司，业务涉及财险、寿险、健康险、资产管理、保险经纪以及信托和基金等多个领域。

随着金融体制改革的日益深化以及保险市场开放速度的加快，人保集团治理不完善、子公司交叉持股多、集团管理半径长、市场化的资本金补充机制缺乏等问题日益突出，亟须进行改革。借鉴大型商业银行股份制改革的成功经验，有关部门牵头制订了自行处置消化不良资产、完善公司治理、适时引入战略投资者、择机在境内外整体上市的改制方案。推动人保集团按照建立现代金融企业制度的要求，以建立健全现代公司治理结构为核心，通过深化改革、严格管理，切实转换经营机制，增强核心竞争力，建设成为偿付能力充足、内控严密、运行安全、服务和效益良好、具有竞争力的现代保险（金融）集团。

2009年6月，国务院批准人保集团整体改制方案。同年9月，财政部独家发起设立人保集团股份公司，注册资本为306亿元人民币。改制后，人保集团股份公司建立了以股东大会、董事会、监事会和高级管理层为主体的“三会一层”组织架构，制定并实施了“三会”议事规则、专业委员会工作规则及授权方案等一系列规章制度，初步建立了比较规范的公司治理；着力加强战略、人事、财务、风险、品牌等方面的整体管控力度，推进内部资源整合，妥善处理集团内部交叉持股问题；加强信息系统建设，强化集团数据集中管理和中后台服务保障能力；建立健全覆盖集团整体的内部风险控制体系，不断提高风险管控能力。2011年6月，人保集团股份公司成功引入全国社保基金理事会作为战略投资者，引资金额100亿元、持股比例11.28%。全国社保基金理事会的入股，进一步完善了人保集团股份公司的股权结构，充实了资本实力。

通过改革，人保集团股份公司的公司治理、管控能力和经营管理等得到进一步改善和提高，盈利能力显著提升。2011年，人保集团股份公司实现保费收入2 496亿元，较改制前的2008年增长1 050亿元；实现净利润74亿元，较2008年增长71亿元。截至2011年末，人保集团股份公司总资产5 856亿元，较2008年增长3 502亿元；净资产503亿元，较2008年增长257亿元。目前，人保集团股份公司正积极推进整体上市工作。

（四）监管制度不断完善，金融消费者权益保护得到加强

2011年，保险监管部门制定发布《中国保险业发展“十二五”规划纲要》，明确了“十二五”期间保险业改革发展的总体要求和主要任务。强化资本管理，完善资本补充机制，修订《保险公司次级定期债务管理办法》，增加对募集人资质的要求，规范次级债的管理、偿还及用途。完善保险市场退出机制，颁布《保险公司保险业务转让管理暂行办法》，规范保险公司保险业务转让行为。加强透明度监管，完善信息披露制度，除个别公司因重组原因外，首次实现所有保险公司对外披露年度报告。同时，为保护投保人、被保险人和受益人的合法权益，成立了保险消费者权益保护局，基本建成交强险和商业车险全国联合信息平台，制定人身险业务经营规则、保险销售从业人员监管规定，与相关部门联合发布《商业银行代理保险业务监管指引》，规范保险业务经营活动。

二、稳健性评估

（一）资金运用收益率下降，保险资产管理难度加大

2011年，保险业资金运用余额5.5万亿元，同比增长20.47%。其中，银行存款1.77万亿元，占31.97%；债券投资2.6万亿元，占47.09%；股票投资5 755亿元，占10.37%；证券投资基金2 916亿元，占5.26%。资金运用投资收益1 825.9亿元，全年资金运用平均收益率为3.57%，同比下降1.27

个百分点（见图4－3）。受债券市场波动和股票市场震荡下行影响，保险公司调整了资金运用结构，存款占比上升了1.8个百分点，债券、股票和证券投资基金占比分别下降了2.8个、0.7个和0.4个百分点。但由于证券投资占资金运用总额的60%以上，资金运用收益受到较大影响。前三季度保险资金年化收益率仅为2.7%，第四季度提升至3.6%，仅略高于一年期银行定期存款3.5%的水平。投资收益欠佳加大了保险公司流动性管理和偿付能力管理的压力。

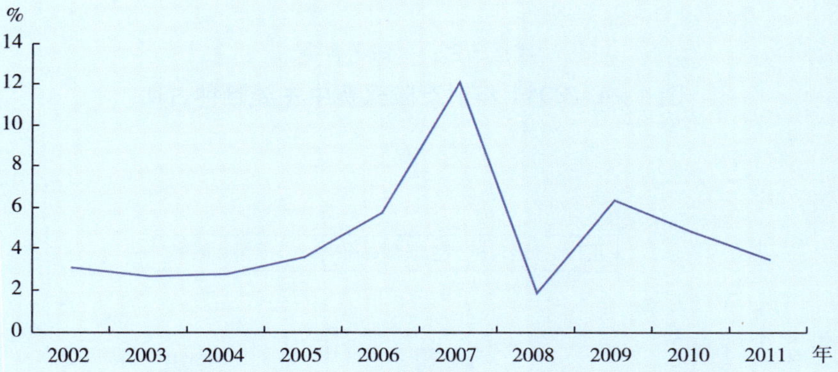

数据来源：中国保监会。

图4－3　保险资金运用平均收益率

（二）财产险保费增长放缓，承保利润达到近年最好水平

2011年，受经济增长放缓和购车补贴调整、车辆限购等政策影响，财产险保费增速高位回落，全年财产险保费收入4 617.9亿元，同比增长18.5%，增速同比下降17个百分点（见图4－4）。但全年仍实现税前利润299.2亿元，同比增长32.6%（见图4－7）。这主要得益于财产险公司管理水平的提高和行业秩序的改善。一方面财产险公司转变发展方式、提高管理水平，另一方面监管部门加强财务检查，推进全国车险联合信息平台建设，在一定程度上改善了市场秩序。在这些因素的共同作用下，财产险公司的赔付率和综合费用率都有所下降，承保利润率达到4.74%，为近年来最好水平（见图4－5）。

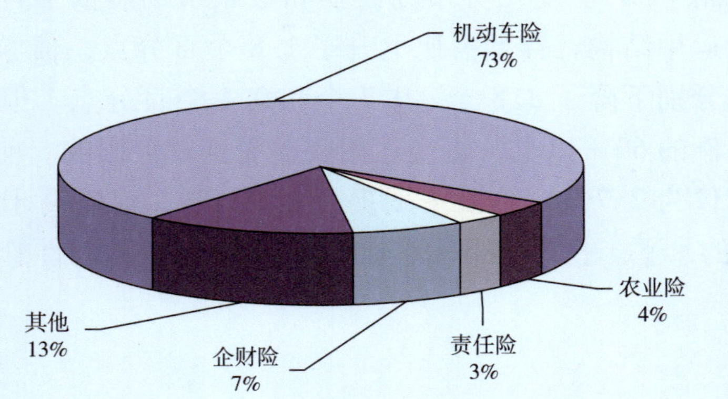

数据来源：中国保监会。

图4-4　2011年财产险保费中主要险种占比

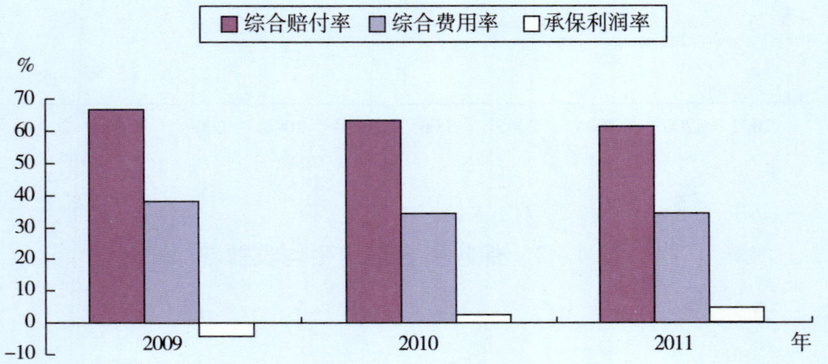

数据来源：中国保监会。

图4-5　财产险公司承保业绩变化情况

（三）寿险业务增速回落，结构调整稳步推进

2011年，人身险保费增速出现较大回落，保费收入9 699.8亿元（其中寿险保费收入8 695.6亿元），同比增长6.8%（见图4-6）。一方面，由于保险公司投资收益下降导致分红险等储蓄替代产品收益率不高，产品缺乏竞争力，另一方面，由于投资方式灵活、收益率较高的银行理财产品快速发展对寿险产品产生了一定的替代效应。同时，《关于进一步加强商业银行代理保险业务合规销售与风险管理的通知》和《商业银行代理保险业务监管指引》的发布，对保险公司银保渠道造成了较大冲击，据统计，在上述通知发布后的三个季度

内，银保渠道保费收入同比下降3.5%。在多种因素的影响下，寿险业全年税前利润374.2亿元，同比下降43.3%（见图4-7）。与此同时，寿险结构调整正在稳步推进。个人营销渠道同比增长11.7%，10年期以上期缴业务同比增长9.6%，传统保障型业务较快增长，业务价值增长明显好于规模增长。

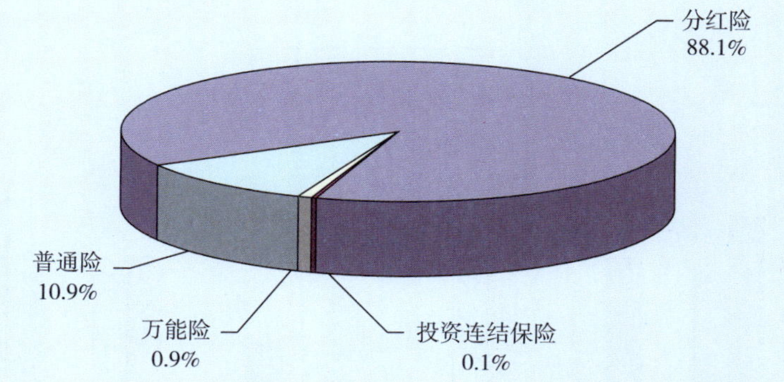

数据来源：中国保监会。

图4-6 2011年寿险保费收入中主要险种占比

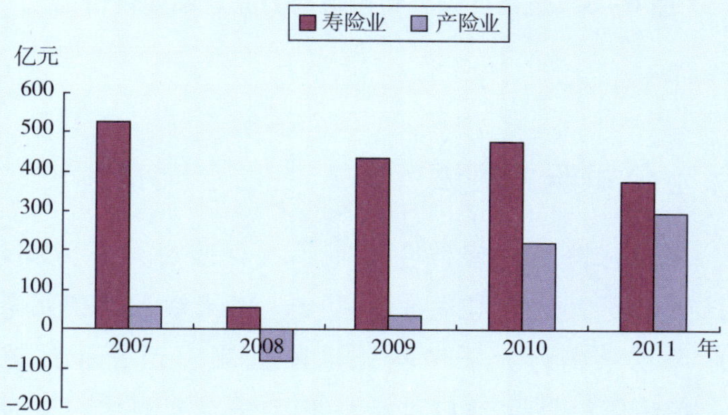

数据来源：中国保监会。

图4-7 寿险业与产险业税前利润

（四）偿付能力总体下降，资本补充压力加大

2011年，保险业整体偿付能力大幅下降，一些寿险公司偿付能力充足率较年初下降60个百分点以上，面临较大的资本补充压力（见图4-8）。全年

共有66家保险公司增资900亿元，15家保险公司获批发行次级债600.5亿元，增加资本的公司数量和资金规模上都远超2010年。由于偿付能力不达标和资本金不足的公司受到限制规模、停批分支机构等措施的约束，保险公司普遍加强了资本管理，通过多种渠道提高偿付能力水平。年末，偿付能力不达标公司从年初的7家减少到5家，不达标公司的风险状况逐步改善。

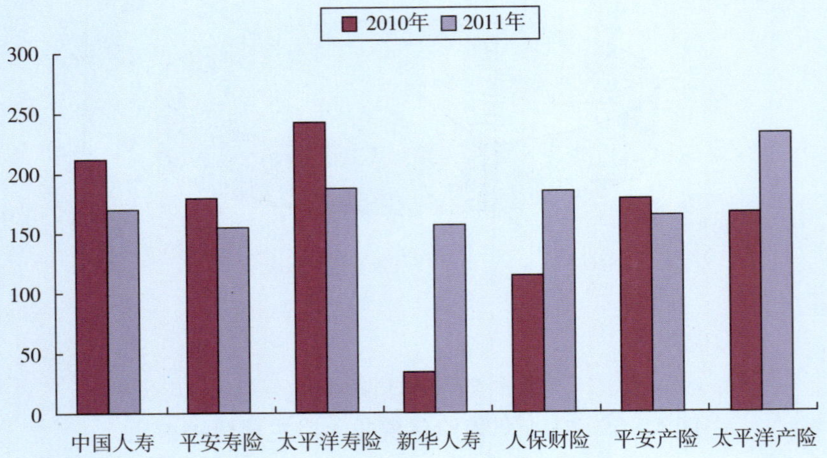

数据来源：上市保险公司年报。

图4-8　上市保险公司偿付能力充足率变化情况

专栏12　保险公司压力测试

2003年，国际保险监督官协会发布了《保险公司压力测试指引》，对压力测试的程序、方法、所需覆盖的风险、测试结果的使用等进行了原则性规定。2007年以来，为加强保险业风险监测、预警和防范，保护保险消费者利益，我国保险监管部门先后发布了一系列规定，建立了以动态偿付能力和现金流测试为主的保险公司压力测试制度。

动态偿付能力测试的目的是预测和评价保险公司未来一段时间内的偿付能力状况，预防可能出现的偿付能力不足风险。测试情景分为基本情景和不利情景两类。基本情景是基于保险公司的发展计划和对未来趋势的合理预测，所建立的未来一段时间内保费增长率、保费自留比例、保费赚取比例、赔付率、赔付模式、费用率、投资收益等假设的最优估计。不利情景是指保险公司未来可能发生且对偿付能力产生重大不利影响的情景，监管部门对财产保险公司和人寿保险公司分别规定了三类必测不利情景（见表4-1）。

表4-1　保险公司动态偿付能力测试必测不利情景

	财产保险公司	人寿保险公司
情景一	（1）将基本情景中的整体财务年度赔付率增加5个百分点； （2）将基本情景中的整体财务年度费用率增加5个百分点	（1）将基本情景中投资资产的投资收益率减少0.5个百分点； （2）将基本情景中的费用率乘以120%； （3）将基本情景中的保护红利支付水平乘以120%
情景二	将基本情景中的保费增长率增加20个百分点	将基本情景中的新业务保费增长率增加20个百分点
情景三	维持基本情景中的投资组合比例不变，上市股票和基金在报告年度后第一年度亏损30%，在报告年度后第二年投资收益为0	维持基本情景中的投资组合比例不变，上市股票和基金在报告年度后第一年度亏损30%，在报告年度后第二年和第三年度投资收益为0

现金流测试是指保险公司通过建立现金流预测模型，在压力情景下对公司整体和各业务类别的现金流进行预测。现金流测试的基本情景与动态偿付能力测试保持一致，压力情景包括退保、资产价格下降和新业务下滑等（见表4-2）。

表4-2　保险公司现金流测试的压力情景设定

类别	情景设定
退保压力测试	基本情景中的投资连结保险、万能险退保率乘以200%，其余业务退保率乘以150%
资产价格压力测试	维持基本情景中的投资组合不变，将权益性（含股票和基金）资产公允价值一次性下降30%并保持不变
新业务压力测试	未来四个季度新业务保费收入比前四个季度同比下降40%，以后年度维持该下降后的水平
综合压力测试	以上三类参数调整的压力测试同时进行

按照保险业压力测试的相关制度，保险公司应定期开展必测项目的压力测试，并按时向监管部门报告测试过程和结果。2011年，保险公司完成

的动态偿付能力测试结果显示，在正常经营情况下，大多数保险公司，特别是大型保险公司的资本充足，即使在一些极端不利的情景下，也不会出现偿付能力不足的情况。2011年第三季度，针对资本市场低迷、退保上升较快等情况，监管部门重点对退保情景进行了压力测试。测试结果表明，保险行业整体现金流充足，绝大多数公司能够通过退保压力测试。从近年来保险公司压力测试汇总情况看，我国保险业具有较强的风险抵御能力，行业整体偿付能力充足，现金流压力不大。

在监管部门和保险公司的共同努力下，压力测试在我国保险业风险管理和偿付能力评估中发挥着日益重要的作用。下一步，应充分借鉴国际保险业压力测试的经验和标准，改进压力测试技术和方法，增加经济增速、通货膨胀率等宏观经济因素情景，充分发挥压力测试在识别偿付能力脆弱机构，促进保险公司调整业务结构、控制规模速度、加强资本管理和提高经营管理水平等方面的重要作用。

三、展望

2012年，国际国内形势的变化将通过金融市场、实体经济和保险消费者等多种渠道，对保险业的承保、资金运用和资本补充等产生多方面的影响，增加了行业发展和风险防范的压力与难度。保险业将积极转变行业发展方式，优化业务结构，加大创新力度，保持健康发展，更好地服务于社会和实体经济。

（一）优化寿险业务结构，提升销售渠道管理水平

相对其他金融产品，寿险产品的核心竞争力在于风险保障和资产的长期管理。寿险业将立足本行业优势，认真挖掘客户潜在需求，大力发展长期限、期缴的保障型产品。同时，积极探索符合自身实际的营销模式，深化银保合作，推动银行代理渠道专业化转型，推进寿险营销员管理体制改革，提高营销员队伍质量，大力开拓电话、网络等新型销售渠道。

（二）加大财产险创新力度，更好地服务实体经济

抓住我国新兴产业发展和经济结构调整的有利时机，积极发展绿色保险、科技保险、文化产业保险等新兴业务，进一步扩大出口信用保险、航运保险等业务。围绕社会主义新农村建设，推动农业保险快速发展，加快建立多层次巨

灾保险体系。围绕公共服务创新，加快发展与公众利益密切相关的环境污染责任、安全生产责任等责任保险，进一步完善交强险制度。

专栏 13　国际交强险经营模式对我国的启示

交强险是一种强制性保险制度，当前已成为国际通行的保障交通事故受害人利益的有效制度安排。国际上交强险经营大致可以分为商业化运作、代办制、全民社保等三种模式。

在商业化运作模式下，保险公司依据市场规律自主经营，自行厘定条款、费率，自负盈亏，有权拒绝承保“高风险”车辆，交强险与商业保险的监管政策并无区别。大部分欧美国家以及韩国采取这种模式。在代办制模式下，交强险不以营利为目的，采取政府主导、保险公司代办的方式，政府遵循“不盈不亏”原则确定统一的费率和责任限额，经营风险由国家承担；保险公司只收取固定代办费用，并将交强险与其他商业保险分开管理、单独核算，对任何车辆的投保申请均无权拒绝。日本是代办制模式的代表。在全民社保模式下，政府建立“意外事故补偿计划”，对交通意外伤害提供统一补偿。新西兰是全民社保模式的典型代表。

我国交强险业务开展以来，在化解交通事故矛盾纠纷、维护社会稳定方面发挥了积极作用，但由于经营模式定位不清等问题，导致交强险业务亏损严重。需借鉴国际经验，进一步明确交强险经营模式，建立更加科学、灵活的交强险费率调整机制，改善交强险经营的外部环境。

（三）完善保险监管体系，推动监管制度与国际接轨

保险监管部门将研究寿险传统险、健康险和养老险定价机制改革的时机和方式，使价值规律发挥更大的作用。深化保险资金运用监管市场化改革，逐步增加保险资金投资无担保企业（公司）类债券的品种。加快偿付能力监管制度体系建设，形成一套与我国保险业发展阶段相适应的偿付能力监管制度。健全保险市场准入和退出机制，实现优胜劣汰。同时，借鉴国际保险监督官协会发布的《保险核心原则、标准、指引和评估方法》，吸收国际金融监管改革在宏观审慎管理、集团监管、偿付能力监管框架、资本补充机制、信息披露等方面的最新成果，推动保险业监管制度逐步与国际接轨。

专栏14　保险监管核心原则的新变化

2007年爆发的国际金融危机不仅暴露出保险公司治理和风险管理的不足，也表明现行的国际保险监管标准、政策与方法不能满足市场发展的需要。国际保险监督官协会吸收了国际货币基金组织和世界银行联合开展"金融部门评估规划"（FSAP）的经验，借鉴G20财长和央行行长会议、金融稳定理事会以及巴塞尔新协议提出的监管理念，进一步完善保险监管核心原则（ICPs），于2011年10月正式发布了修订后的《保险核心原则、标准、指引和评估方法》。

新的保险监管核心原则（简称新ICPs）主要从以下几个方面作了重大改进。一是引入"宏观审慎监测"理念。要求监管部门设计一套宏观审慎管理制度，采取定性和定量相结合的方法，识别、监测与分析市场和金融发展以及其他可能影响保险公司和保险市场的环境因素，并将其运用于监管中，此外，还需加强对系统重要性保险公司的识别和监管。二是建立全面风险管理框架（ERM）。要求保险公司建立ERM，覆盖风险识别、评估、计量、监测、控制、缓释等风险管理全过程。三是强调资本充足。监管部门采用合并资产负债表法评估保险公司的偿付能力，对保险公司设立监管资本要求和偿付能力控制水平，要求保险公司保持足够的资金来源，以便其能够承受不可预见的重大损失。四是加强集团监管。监管部门要对保险公司实行法人实体和集团两个层面的监管，在综合考虑集团规模、性质和复杂程度以及有效集团监管的前提条件和最终目标等多种因素的基础上，建立集团监管框架。五是资产和负债的估值。监管部门以确保公司能够完全偿付客户的债务为目的，对资产和负债价值进行"认可"。六是规范业务行为。监管部门对保险业务行为作出规定，以保证客户在保险合同售前、售中和售后得到公平对待，加强消费者保护，降低保险公司的声誉风险。七是要求监管部门加强跨境合作和协调。

（四）规范保险公司经营行为，加强消费者权益保护

针对销售误导和理赔难等行业突出问题，保险监管部门将以综合治理销售误导和理赔难作为工作重点，进一步完善治理销售误导的规章制度，制定理赔服务标准和监管指标，加大处罚力度。保险公司应加强保险产品售前、售中和售后管理，强化诚信合规要求和信息披露，建立及时、公平的理赔政策和流程，加强对销售渠道和营销员的管控责任，切实维护保险消费者合法权益，改

善保险行业的社会形象。

（五）创造良好外部环境，推动保险业平稳较快发展

针对我国债券市场长期产品较少，寿险公司资产负债难以匹配的问题，加快资本市场建设，提供更多长期投资工具，为保险公司提供更多投资选择。针对社会公众保险意识不强的问题，大力宣传普及保险知识，提高社会公众的保险意识和风险意识。同时，加大政策协调力度，推动出台“农业保险条例”，从立法层面建立统一的农业保险制度框架；推动巨灾保险立法，将巨灾保险制度纳入国家综合灾害防范体系；充分发挥财政税收政策支持作用，积极推动个人延税型养老保险产品的发展，健全多层次养老保障体系。

第五章

金融市场

2011年，我国金融市场在改革创新中稳步发展，继续保持了健康平稳的运行态势，充分发挥了优化资源配置、支持实体经济发展的积极作用，为宏观经济政策有效实施提供了有力支持。

一、市场运行情况

（一）货币市场保持活跃

成交量持续增加，短期交易占比较高。2011年，市场流动性总体充足，货币市场交易活跃，成交量继续增长。同业拆借累计成交33.4万亿元，同比增长20.0%；债券回购累计成交99.5万亿元，同比增长13.6%。其中，短期交易占比较高，隔夜拆借成交27.3万亿元，占拆借成交总量的87.9%；1天质押式回购成交72.9万亿元，占回购成交总量的73.3%。

货币市场利率波幅较大。3月15日，7天回购加权平均利率达到1.99%的年内最低水平；6月23日，7天回购加权平均利率达到9.04%的年内最高水平。12月同业拆借加权平均利率为3.33%，比1月下降37个基点；12月质押式回购加权平均利率为3.37%，比1月下降92个基点（见图5－1）。

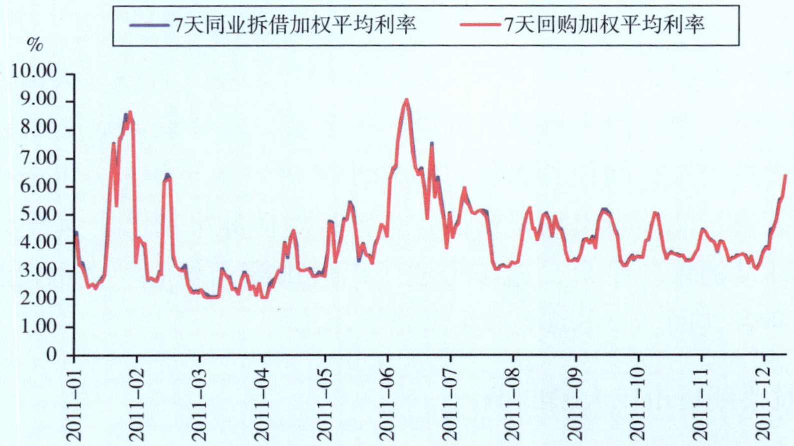

数据来源：全国银行间同业拆借中心。

图5－1　2011年货币市场利率走势

（二）债券市场健康发展

市场成交量保持稳定，债券指数总体上行。2011年，债券市场现券交易累计成交63.7万亿元，同比下降0.7%。其中，银行间市场现券交易累计成交63.6万亿元，同比下降0.6%；交易所市场国债现券累计成交1 253.2亿元，同比下降24.6%。债券指数总体上行，银行间市场债券指数由年初的132.93点升至年末的139.75点，升幅5.1%；交易所国债指数由年初的126.32点升至年末的131.39点，升幅4.0%，国债收益率曲线总体呈陡峭化下移走势（见图5－2）。

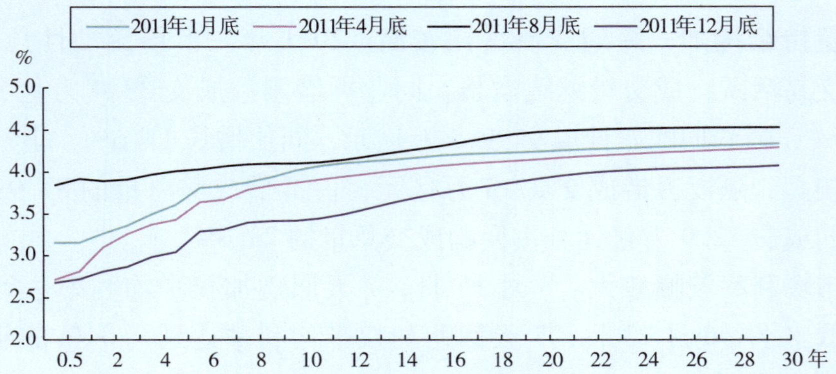

数据来源：中央国债登记结算有限责任公司。

图5－2　2011年银行间市场国债收益率曲线变化情况

投资主体不断扩大。2011年末，银行间债券市场共有参与机构11 162个，同比增加927个。银行间市场投资者进一步丰富，资金集合型投资主体增加较多，境外机构投资银行间债券市场试点稳步推进。截至年末，共有51家境外机构获准进入银行间债券市场投资试点。银行间债券市场已成为各类市场主体进行投融资活动的重要平台，逐步形成了以做市商为核心、金融机构为主体、其他机构投资者共同参与的多层次投资者结构。

（三）股票期货市场大幅回调

股票市场量价齐跌。2011年，股票市场整体呈下跌态势，截至年末，上证综合指数收于2 199.42点，同比下跌21.68%，深证成分指数收于8 918.82点，同比下跌28.41%（见图5－3）。沪、深两市共有上市公司2 342家，全年新增279家。A股总市值21.48万亿元，流通市值16.49万亿元，同比分别下降19.07%和14.6%。股市成交量逐季萎缩，第一至第四季度，日均成交金额分别为2 337亿元、1 862亿元、1 561亿元和1 221亿元，全年日均成交金额 1 728 亿元，同比下降 23.37%。

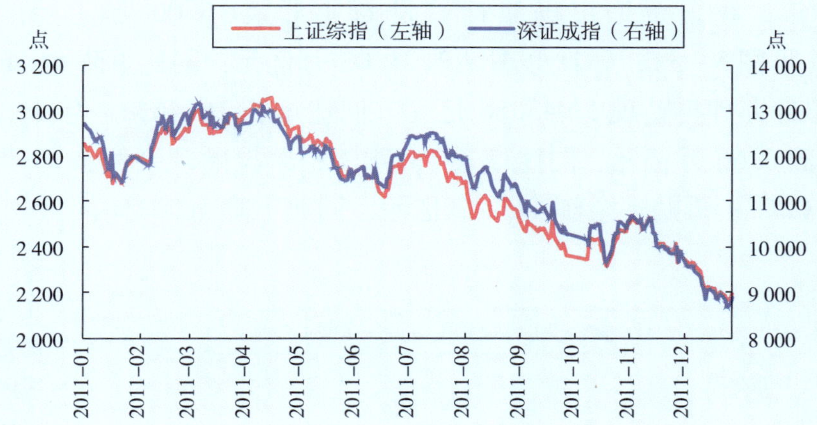

数据来源：Wind。

图 5-3　2011 年上证综指和深证成指走势

商品期货市场交易量大幅下滑，金融期货市场稳步增长。2011 年，期货市场共成交 10.54 亿手，成交金额 137.52 万亿元，同比分别下降 32.72% 和 11.03%。商品期货成交 10.04 亿手，成交金额 93.75 万亿元，同比分别下降 34.01% 和 17.40%。市场价格波动较大，截至年末，中证商品期货综合指数收于 174.88 点，年内最高达 218.57 点，最低达 172.01 点（见图 5-4）。股指期货成交 0.50 亿手，成交金额 43.77 万亿元，同比分别增长 9.89% 和 6.56%。

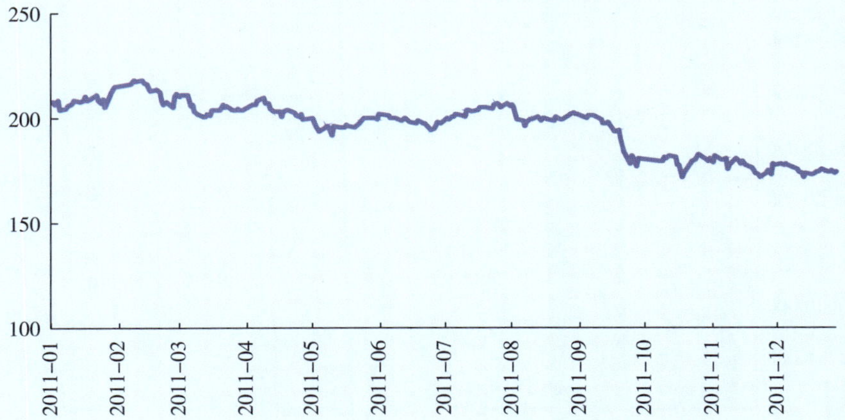

数据来源：Wind。

图 5-4　2011 年中证商品期货综合指数走势

（四）票据市场总体平稳

2011 年，我国票据市场累计签发商业汇票 15.06 万亿元，同比增长 25.92%（见图 5－5）；累计办理贴现 25.03 万亿元，同比下降 51.46%（见图 5－6）；累计办理再贴现 1 945.66 亿元，同比增长 16.46%。年末，未到期商业汇票余额 6.66 万亿元，同比增长 18.72%；票据贴现余额 1.51 万亿元，同比增长 2.02%；再贴现余额 445.42 亿元，同比下降 56.31%。

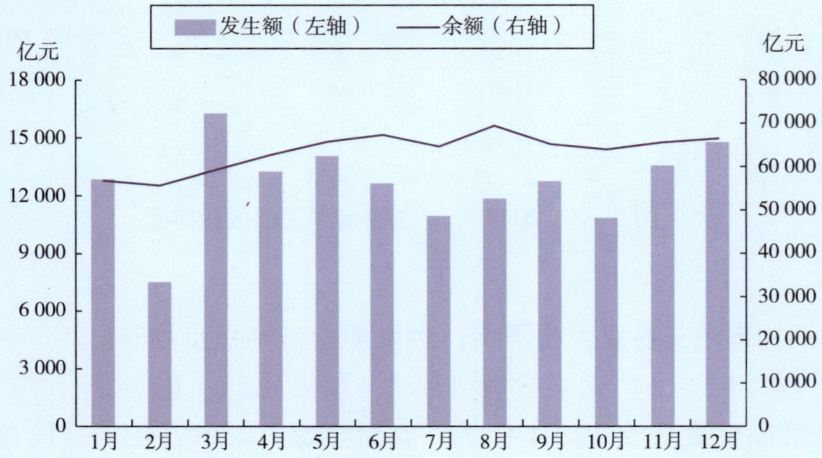

数据来源：中国人民银行。

图 5－5　2011 年商业汇票签发情况

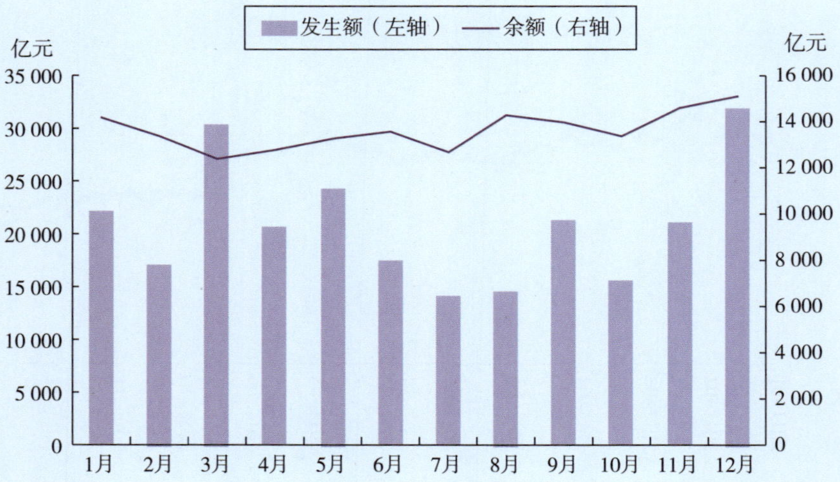

数据来源：中国人民银行。

图 5－6　2011 年商业汇票贴现情况

（五）外汇市场交易活跃

2011 年，人民币外汇即期成交 3.55 万亿美元，同比增长 16.7%。人民币外汇掉期交易累计成交金额折合 1.77 万亿美元，同比增长 38%。人民币外汇远期市场累计成交 2 146 亿美元，同比增长 556.8%。全年“外币对”累计成交金额折合 946.7 亿美元，同比增长 42.1%。外汇市场交易主体进一步增加。截至年末，共有即期市场会员 318 家，远期市场会员 73 家，掉期会员 71 家，期权会员 27 家，即期市场做市商 26 家，远期市场做市商 20 家。

（六）黄金市场交易规模显著增加

2011 年，国内金价与国际金价走势总体保持一致，价格先涨后跌，呈现较大波动。上海黄金交易所年内黄金（AU9995）最高价曾达到 396 元/克，年末收于 319.8 元/克，较年初上涨 5.9%；全年加权平均价为 327.5 元/克，比上年上涨 61.7 元/克。上海黄金交易所黄金交易累计成交 7 438.5 吨，同比增长 22.9%；成交金额 2.48 万亿元，同比增长 53.5%。白银累计成交 24.7 万吨，同比增长 235.6%；成交金额 1.94 万亿元，同比增长 402.2%。铂金累计成交 65.03 吨，同比增长 18.9%；成交金额 0.02 万亿元，同比增长 20.5%。

二、市场融资情况

2011 年，股票市场融资规模大幅下降，债券市场发行规模稳步增长，特别是公司信用类债券发行量大幅增加，融资结构继续呈多元化发展趋势。

（一）金融市场直接融资功能不断增强，融资结构进一步优化

2011 年，全国直接融资规模 2.75 万亿元，其中，公司信用类债券融资规模 2.2 万亿元，同比增长 38.8%；权益类融资规模 5 489 亿元，同比下降 42.75%。公司信用类债券融资中，超短期融资券 2 240 亿元，短期融资券 8 029 亿元，中期票据 7 270 亿元，中小企业集合票据 52 亿元，非公开定向债务融资工具 899 亿元，企业债券 2 473 亿元，公司债券 1 241 亿元。权益类融资中，股票 5 073 亿元，可转债 413 亿元，可分离债 32 亿元。社会融资结构进一步优化，直接融资与间接融资比例为 36.8%，较上年提高 5.3 个百分点（见图 5－7）。

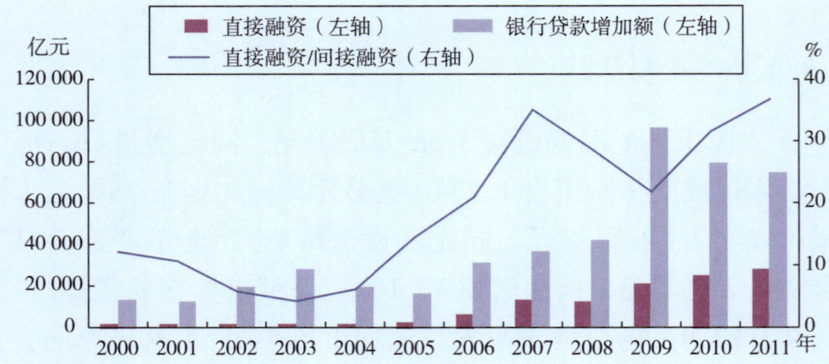

数据来源：中国人民银行、中国证监会。

图5－7　2000—2011年直接融资、间接融资规模及比例

（二）债券融资快速发展，品种和期限结构丰富

2011年，债券市场累计发行人民币债券（不含中央银行票据）6.4万亿元，同比增长25.5%（见表5－1）。国债、央行票据等发行量较上年减少，政策性银行债券和金融债券发行量较上年有所增加，公司信用类债券发行规模大幅增加（见图5－8）。截至年末，债券市场债券托管（含央行票据托管量）总额达22.1万亿元，其中，银行间市场21.4万亿元，交易所市场0.7万亿元。目前债券市场的发行主体包括财政部、铁道部、政策性银行、国际开发机构、商业银行、非银行金融机构和非金融企业等，信用层次日趋丰富。债券发行期限以中短期为主，5年期以内的债券发行量占52.9%，同比上升12.9个百分点；5（含）～10年期债券发行量占29.8%，同比下降4.9个百分点；10（含）年期以上的债券发行量占17.3%，同比下降8个百分点。

表5－1　2011年主要债券发行情况

债券品种	发行额（亿元）	同比增长（%）
国债	17 398	－13.4
其中：地方政府债券	2 000	0
国家开发银行及政策性银行债	19 973	51.4
金融债券	3 529	260.2
公司信用类债券	22 204	38.8
其中：短期融资券	8 029	19.1
超短期融资券	2 240	1 393.3

续表

债券品种	发行额（亿元）	同比增长（%）
中期票据	7 270	47.6
中小企业集合票据	52	11.4
企业债券	2 473	-31.8
公司债券	1 241	142.7

数据来源：中国人民银行。

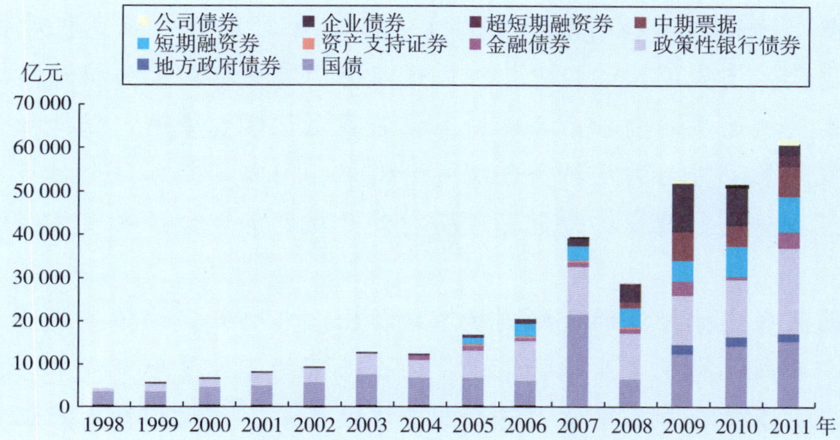

数据来源：中央国债登记结算有限责任公司、Wind。

图 5-8　1998—2011 年主要债券发行量变化情况

三、市场制度建设

加强债券市场发行管理，维护债券发行秩序。2011 年，人民银行下发《关于试点省市地方政府自行发行地方政府债券有关事宜的通知》，对地方政府发债信息披露等方面提出要求，推动建立市场化的地方政府举债融资机制。11 月，上海、广东、浙江、深圳等四省（市）政府开展地方政府自行发债试点，在银行间市场共发行债券 229 亿元。发布实施《银行间债券市场债券招标发行管理细则》，进一步规范银行间债券市场招标发行行为，保证债券招标发行现场工作公平、公正、有序进行，维护债券发行各方的权益。

注重制度创新，促进市场规范发展。2011 年 4 月，人民银行与财政部联合发布公告，引入新发关键期限国债双边报价机制，确定新发关键期限国债做市制度框架，促进市场价格发现和国债收益率曲线完善。通过多项制度安排提升市场透明度，建立健全债券交易信息备案机制，推动市场交易信息的有效集中。引入重大异常交易市场披露制度和异常交易事前报备制度，充分发挥市场监督作用。

专栏15 稳健货币政策下的金融市场发展与创新

实施稳健的货币政策，既要保持合理的货币信贷增速，又要满足实体经济的投融资需求。为此，要切实贯彻大力发展金融市场、鼓励金融创新的有关要求，努力推出既能满足实体经济融资需求，又符合宏观调控与风险防范要求的新产品和新机制。2011年，在应对国际金融危机冲击、加强和改进金融宏观调控过程中，人民银行会同有关部门大力推动与经济社会发展需要相适应的金融产品创新，拓展多元化融资渠道，保持社会融资规模合理增长，努力满足社会合理资金需求，同时不断加强金融市场管理和基础设施建设，稳步扩大金融市场对外开放，加大金融对实体经济的支持力度。

一是服务实体经济的金融创新不断推出。非公开定向债务融资工具等创新产品有效拓宽了企业融资渠道，为企业节约了大量融资成本。次级债券、混合资本债券和信贷资产转让业务迅速发展，扩大信贷资产证券化试点继续推进，增强了银行补充资本抵御风险和支持实体经济的能力。地方政府和金融机构积极探索运用定向融资工具，拓宽保障房建设融资渠道。上海市、浙江省、广东省、深圳市四省市首次在银行间市场自行发行地方政府债券，为推动建立规范的地方举债融资机制、有效化解地方债务风险进行了有益探索。中小企业集合票据、专项用于支持中小企业的金融债券、区域集优模式、信用增进等多种创新相互配合，切实缓解中小企业融资难、融资贵等问题。2011年，14个省市的207家中小企业发行各类债券134.35亿元。探索投资人付费、双评级等新模式、新方法，增强信用评级在揭示风险、加强市场约束方面的作用。这些创新成为推动金融市场发展的原动力，进一步加强了金融市场合理配置资源、管理风险、支持实体经济发展的作用。

二是金融市场管理不断加强。不断加强债券发行管理，维护债券发行秩序，细化和强化银行间债券市场债券发行现场管理规则，完善债券承销和信息披露。注重制度创新，促进市场规范发展，完善做市商制度，引入重大异常交易市场披露制度和异常交易事前报备制度，对银行间债券市场中介机构业务进行指导和规范，发布对上海清算所、外汇交易中心、中央国债登记结算公司、交易商协会和上海黄金交易所的业务监督管理规则。继续加强市场交易监管，防范市场风险，规范债券结算代理业务，加强对货币经纪业务的管理。规范黄金市场秩序，对非法黄金交易及非法黄金衍生产品交易场所进行清理。这些管理制度有力地推动了市场的规范，为金融市场创新和发展提供基础和保障。

三是市场基础设施建设扎实推进。借鉴危机后国际金融市场监管改革经验，推动场外市场集中清算和交易信息的有效集中，上海清算所现券交易净额清算业务正式上线，外汇交易中心推出债券交易信息备案系统。完善金融市场监测分析研究基础设施，银行间市场信息系统顺利上线运行。这些基础设施建设的进展，进一步提高了交易结算效率和市场透明度，为市场健康可持续发展奠定了重要基础。

四是金融市场对外开放稳步扩大。推动境内机构赴香港发行人民币债券，促进香港人民币市场发展，2011 年，国务院批准境内金融机构和非金融企业赴香港发行共 500 亿元人民币债券。境外机构投资银行间债券市场试点工作稳步推进，截至年末，已有 51 家境外机构获准进入银行间债券市场投资。中银香港和中银澳门参与境内同业拆借市场、境外参加行和境内代理行之间的人民币账户融资管理工作等稳步开展，为跨境贸易人民币结算试点提供了支持。金融市场“引进来”和“走出去”的统筹推进，在更大范围、更高层次上提高了资源配置能力。

加强市场交易管理，强化市场基础性建设。2011 年 4 月，人民银行发布公告，进一步明确了债券结算代理业务中代理交易的内涵及债券结算代理人对委托人交易结算行为的监督责任。8 月，发布《关于进一步加强全国银行间债券市场结算代理业务管理有关事项的通知》，强化对银行间债券市场债券结算代理人的业务要求，规范债券结算代理业务的开展。加强对货币经纪业务的管理，强调了对货币经纪公司的风险管理要求、服务对象要求和业务范围要求。为进一步提高市场效率，12 月，上海清算所现券交易净额清算业务正式上线。

清理非法黄金交易市场，推动市场规范发展。2011 年 12 月，人民银行与公安部、工商总局、银监会、证监会联合发布《关于加强黄金交易所或从事黄金业务交易平台管理的通知》，对非法黄金交易及非法黄金衍生产品交易场所进行清理，稳步规范黄金市场秩序。

进一步完善股票市场信息披露制度，提升市场透明度。2011 年 4 月，证监会发布《信息披露违法行为行政责任认定规则》，进一步明确信息披露违法行为的责任认定，推动发行人及上市公司不断提高信息披露质量，优化完善法人治理结构。建立上市公司内幕信息知情人登记管理制度，督促做好内幕信息的登记和保密工作，强化信息披露的及时性和公平性。

进一步丰富期货市场产品体系，完善市场功能。2011 年，推出铅、焦炭和甲醇 3 个商品期货品种，修改完善天然橡胶、燃料油、棕榈油等已上市期货合约和交割规则，试点铅、黄金等期货品种套保制度改革。推动合格境外机构投资者（QFII）、信托公司参与股指期货市场。

专栏 16　2011 年房地产市场和房地产信贷状况

2011 年 1 月，国务院办公厅印发《关于进一步做好房地产市场调控工作有关问题的通知》，综合采取土地、税收、金融等多项政策措施，进一步加强房地产市场调控。为贯彻落实国务院有关精神，中央有关部门和各地方政府相继出台了相关措施。随着各项调控政策措施的贯彻落实，房地产市场走势回稳，保障性安居工程建设快速推进，主要金融机构房地产贷款增速放缓。

一、房地产市场状况

房价环比下降的城市个数增多。12 月，全国 70 个大中城市中，新建商品住宅价格环比下降的城市有 52 个，比 1 月增加 49 个，环比持平的城市有 16 个，环比上涨的城市中，涨幅均为 0.1%。二手住宅价格下降的城市有 51 个，比 1 月增加 48 个，环比持平的城市有 16 个，环比上涨的城市中，涨幅均未超过 0.2%。

商品房开发销售增速回落。2011 年，全国商品房销售面积 10.99 亿平方米，同比增长 4.9%，比上年回落 5.7 个百分点；全国商品房销售额 5.91 万亿元，同比增长 12.1%，比上年回落 6.8 个百分点。开发投资高位缓慢回落。2011 年，全国房地产开发投资 6.17 万亿元，同比增长 27.9%，比上年回落 5.3 个百分点。房屋新开工面积增速保持自 2010 年 5 月以来的回落态势。2011 年，全国房屋新开工面积 19.01 亿平方米，同比增长 16.2%，比上年回落 24.4 个百分点（见图 5－9）。

保障性安居工程建设快速推进。截至 2011 年末，全国城镇保障性住房和棚户区改造住房开工量超过 1 000 万套，实现了年初确定的新开工任务目标。

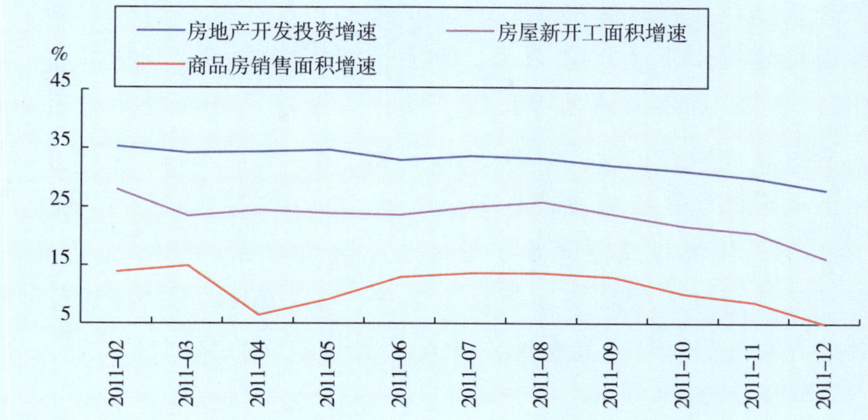

数据来源：国家统计局。

图5-9　房地产开发投资、新开工和销售面积增速

二、房地产信贷状况

房地产贷款增速整体回落。截至2011年末，主要金融机构（含外资）[①] 房地产贷款余额10.73万亿元，同比增长13.9%（见图5-10），增速比上年回落13.5个百分点，比2010年4月最高点低32.5个百分点。房地产贷款余额占主要金融机构各项贷款余额的20.1%，比上年末低0.3个百分点。全年新增房地产贷款1.26万亿元，同比少增7 704亿元，占新增贷款总额的17.5%，比上年全年水平低9.4个百分点。

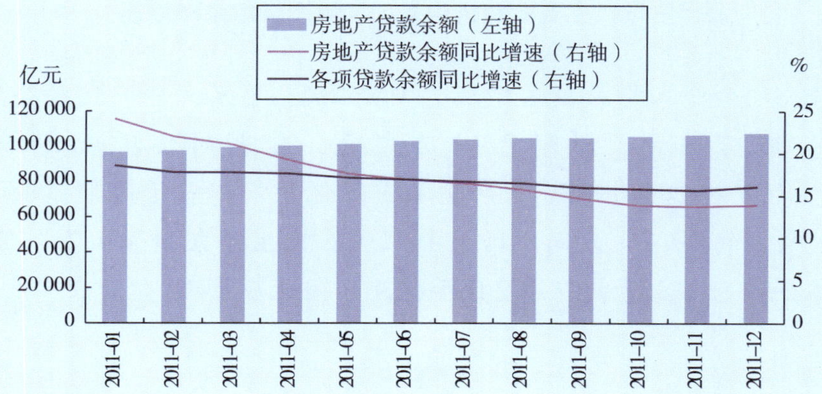

数据来源：中国人民银行。

图5-10　主要金融机构房地产贷款余额及增速

① 主要金融机构包括中资银行（不含村镇银行）、城市信用合作社、农村信用合作社和外资银行。

全年房地产贷款呈现以下特点：一是地产开发贷款增速大幅下滑，下半年余额持续同比下降，12月末，地产开发贷款余额7 680亿元，同比下降7.9%，而2010年末同比增长24.7%；二是房产开发贷款增速全年平稳回落，年末有所回升，房产开发贷款余额2.72万亿元，同比增长17.1%，增速比上年末低5.9个百分点；三是个人住房贷款增速连续20个月下滑，12月末，个人住房贷款余额6.6万亿元，同比增长14.8%（见图5－11）；四是保障性住房开发贷款新增额比重显著提高，2011年新增保障性住房开发贷款1 751亿元，占同期房地产开发贷款新增额的50.1%。

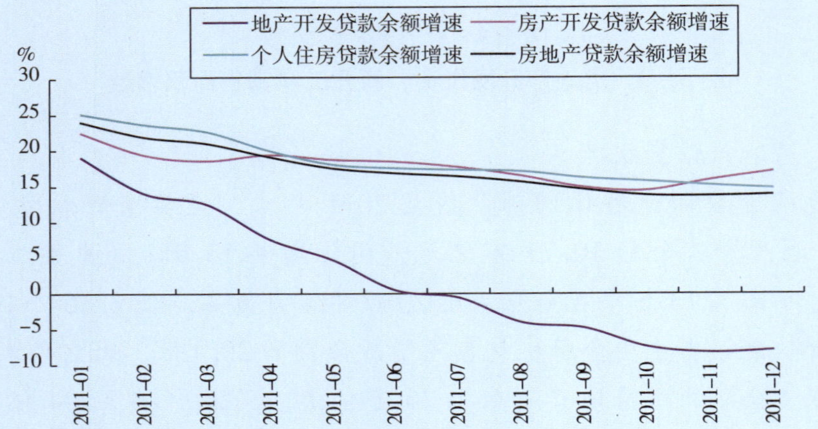

数据来源：中国人民银行。

图5－11 主要金融机构各项房地产贷款余额增速

住房公积金个人贷款稳定增长。截至2011年末，全国住房公积金缴存总额4.06万亿元，余额2.19万亿元，分别同比增长24.97%和23.60%。住房公积金个人贷款余额1.3万亿元，相当于同期商业性个人住房贷款余额的19.7%，同比增长19.1%，比上年末回落4.7个百分点。全年住房公积金个人贷款新增2 085亿元，同比少增10亿元。

四、稳健性评估

股票市场呈下跌态势，估值处于历史较低水平。2011年末，上证综指较年初下跌21.68%，市场平均估值水平明显下降。全部AB股、沪深300、中小板和创业板市盈率分别为14.35倍、12.06倍、29.37倍和40.21倍，同比分别下降20.14%、17.68%、34.31%和39%；全部AB股、沪深300、中小板和创业板市净率分别为2.15倍、1.91倍、3.67倍和4.12倍，同比分别下降19.17%、18.03%、28.46%和16.43%，市场估值处于历史较低水平。从股票市场压力指数看，2011年波动水平不仅低于2008—2009年危机爆发期间的水平，也低于2010年的水平，全年仅1月中下旬几个交易日高于2000年以来平均波动水平，且偏离幅度均小于1倍标准差。全年股票市场压力指数位于蓝色区域，从波动性看，市场总体运行平稳（见图5-12）。

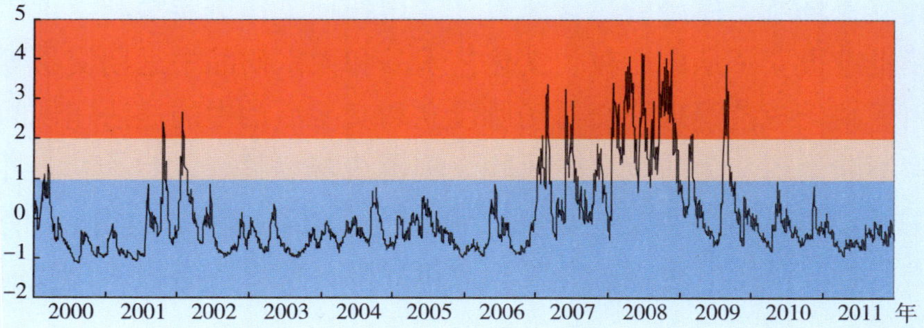

数据来源：根据Wind数据计算。

图5-12　2000—2011年股票市场压力指数

专栏17　股票市场压力指数

股票市场压力指数是用于度量股票市场波动性的指标，一般而言，股票市场波动越大，市场参与者面临的风险越大，股票市场压力指数也越高。目前，已有部分国际组织和中央银行开始利用股票市场压力指数对金融市场稳定状况进行监测。2008年，国际货币基金组织（IMF）开始运用金融压力指数监测分析各国与地区金融市场压力状况；2010年，瑞典中央银行和新加坡金融管理局开始在金融稳定报告中运用金融压力指数分析金融市场稳定状况。

为定量分析我国股票市场波动性情况，基于2000年1月4日至2011年12月30日的上证综指收盘价数据，建立了广义自回归条件异方差（GARCH族）波动率模型，并将波动率进行标准化处理，构建股票市场压力指数（见图5-12）。为便于观测，按以下标准对压力指数设置预警区间：

蓝色区域：压力指数小于等于1，代表股票市场相对波动水平不大，总体运行平稳；

橙色区域：压力指数大于1且小于2，代表股票市场有较大波动；

红色区域：压力指数大于等于2，代表股票市场处于波动剧烈时期。

债券市场取得长足发展，信用风险值得关注。近年来，我国债券市场发展迅速，规模稳步增长，品种和期限不断丰富，交易日趋活跃。但由于发展时间较短，一些基础性制度尚不健全，风险分担机制有待完善。一是国内信用评级机构公信力不足，一些发行主体评级存在虚高现象，相关评级未经过市场检验；二是市场增信措施有限，信用增进机构资本金规模较小、担保实力不足；三是信用衍生品市场发展缓慢，缺乏有效的风险对冲工具。随着市场发展，个别信用债券受经济周期及特定事件影响，潜在信用风险将逐步显现。

各类交易场所无序经营蕴含风险，清理整顿工作进展顺利。近年来，一些地区陆续批准设立了从事产权、文化艺术品和大宗商品中远期交易等各类交易场所。由于缺乏规范管理，交易场所设立和交易活动中的违法违规问题日益突出，风险不断暴露。为防范金融风险，规范市场秩序，2011 年 11 月，国务院下发《关于清理整顿各类交易场所　切实防范金融风险的决定》，明确了清理整顿工作目标、范围、重点、分工和政策界限，要求各省级人民政府成立清理整顿工作领导小组。目前，清理整顿各项工作进展顺利。

五、展望

展望未来，根据中央经济工作会议和全国金融工作会议精神，依照“十二五”规划纲要的指导思想和具体要求，以科学发展为主题，从金融市场发展规律出发，选择科学合理的发展模式与路径，促进金融市场整体协调可持续发展，努力建设产品序列齐全、运行高效、功能完备、具有相当规模、能充分适应国民经济发展需要的金融市场体系，引导金融市场资源更好地服务实体经济，更好地促进经济结构调整和经济发展方式转变。

积极推动债券市场健康发展。坚持市场化改革方向，着力培育商业信用，强化市场约束和风险分担机制，提高市场运行透明度，为债券市场发展营造良好的制度环境。稳步扩大债券市场规模，推进产品创新和多样化，支持保险公司、证券公司等金融机构发行次级债券和短期融资券等债务工具，拓宽自身资本补充和流动性管理的渠道。完善债券市场发行管理体制，加强协调配合，提高信息披露标准，落实监管责任。加强债券市场基础设施建设。

继续深化新股发行体制改革。以充分、完整、准确的信息披露为中心，改进发行审核制度。继续弱化行政审批，强化资本约束、市场约束和诚信约束。完善新股价格形成机制，改革新股承销办法，推动承销商在透明的规则下自主安排询价、定价和承销方式，提高机构投资者配售比例，促进询价机构合理报价，提升询价、报价、定价合理性。探索发行人存量股份发行配售机制，抑制二级市场盲目炒新行为。

稳步推进退市制度改革。以优胜劣汰机制为导向，综合考虑公司业绩表现、资产状况、交易价格等因素，进一步完善上市公司退市标准。推进创业板退市制度试点，通过创业板先行先试，为主板、中小板公司退市改革积累经验，逐步形成市场化和多元化的退市标准体系。健全退市责任追究机制，形成有利于风险化解和平稳退市的基础。完善恢复上市的条件，逐步形成衔接顺畅的转板制度。

加快股权柜台交易市场建设。在继续发展主板市场的同时，加快股权柜台交易市场建设步伐，拓展资本市场覆盖面，构建多层次资本市场体系，为不同规模、不同类型、不同成长阶段的企业提供差异化服务。统筹考虑产权交易市场在多层次资本市场中的定位，建立多层次的股权柜台交易市场体系，在企业准入安排、持续监管等制度设计方面，充分体现柜台交易的特点，着力满足中小企业融资和股份转让需求，切实缓解中小企业融资难、融资贵问题。

第六章

政府、企业和住户财务分析

2011 年，政府部门财务状况良好，债务水平安全可控；企业利润增速下降，国内外需求下滑，但原材料成本上涨压力减轻，企业部门的整体偿债能力仍然较好；住户部门持有的金融资产继续增长，结构分布有待提高，整体债务水平较低，违约风险较小。

一、政府部门

财政收入总体增长较快。2011 年，全国实现财政收入[①] 10.37 万亿元，增长 24.8%，增速较上年提高 3.5 个百分点（见图 6－1）。从收入结构看，全年税收收入 8.97 万亿元，占同期财政收入的 86.5%；非税收入 1.40 万亿元，占 13.5%。税收收入中，国内增值税、企业所得税和营业税是主要收入来源，全年分别征得 2.43 万亿元、1.68 万亿元和 1.37 万亿元，分别增长 15%、30.5% 和 22.6%。全年非税收入增加 4 129 亿元，增长 41.7%，增速较上年同期提高 31.8 个百分点。

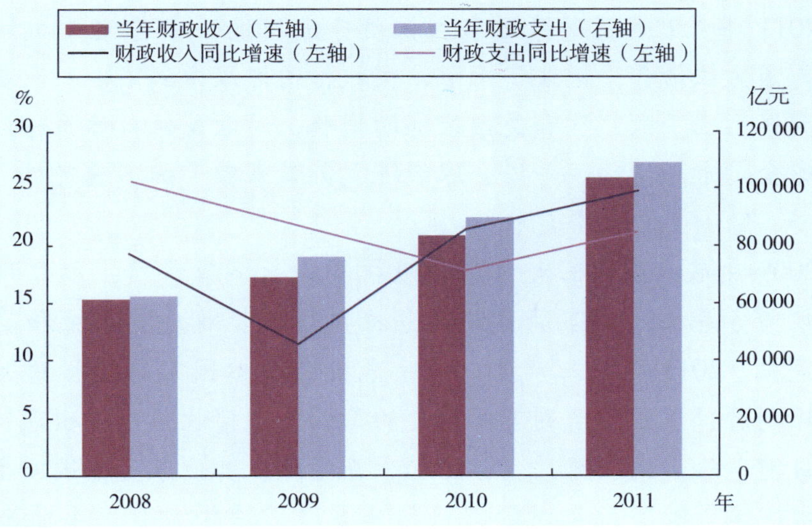

数据来源：国家统计局。

图 6－1 国家财政预算收支累计额与累计同比增速

财政支出增加。2011 年，全国财政支出 10.89 万亿元，增长 21.2%，较上年提高 3.4 个百分点（见图 6－1）。在财政支出中位居前五位的项目为：教

① 财政决算公布后，本节使用的 2011 年财政收入、支出数还会有所变化。

育支出 1.61 万亿元，占同期财政支出的 14.8%，增长 28.4%；社会保障和就业支出 1.11 万亿元，占 10.2%，增长 22%；一般公共服务 1.11 万亿元，占 10.2%，增长 19%；农林水事务支出 9 890 亿元，占 9.1%，增长 21.7%；城乡社区事务支出 7 653 亿元，占 7%，增长 27.8%。

政府部门债务水平较低，总体安全可控。2011 年，全国财政赤字 8 500 亿元，占 GDP 比重为 1.8%。截至年末，中央政府国债余额 7.20 万亿元，比上年增加 4 496.4 亿元，增长 6.7%，国债余额占 GDP 的比重为 15.27%。总体来看，政府债务的负担率和赤字率低于许多发达国家和新兴经济体，仍处于较低水平。地方政府性债务管理和风险防范得到加强，存量债务按照分类管理、区别对待、逐步化解的原则继续妥善处理，新增债务得到严格控制。2011 年，地方政府性债务新增 3 亿元。地方政府性债务在经济社会发展中发挥了积极作用，形成了大量优质资产，但也存在一些风险隐患，特别是部分偿债能力较弱地区存在局部性风险。

专栏 18　欧美主权债务分析

2011 年，欧元区边缘国家主权债务危机进一步恶化并向核心国家蔓延，美国主权债务逼近法定上限，主权信用评级遭到下调。欧美主权债务问题直接影响了欧元区和美国经济的增长，对欧美银行体系造成冲击，引发全球金融市场动荡，并给全球经济复苏带来较大的不确定性。

一、欧洲主权债务危机

2009 年底，国际三大信用评级机构先后调降希腊主权信用评级，欧洲主权债务危机（以下简称欧债危机）爆发。随后爱尔兰和葡萄牙相继陷入危机。2011 年第三季度以来，危机向核心国家蔓延，意大利、西班牙、比利时、法国均受到不同程度的影响，国债收益率曾出现较大幅度攀升。目前，除德国、荷兰、芬兰和卢森堡外，其他欧元区国家主权信用评级都被下调。欧债危机对欧洲银行体系造成冲击，引发全球金融市场动荡，成为拖累全球经济复苏的主要因素。

欧债危机爆发和蔓延的原因主要有：一是近年来为了应对金融危机，欧元区国家财政支出大幅增加，财政收入大幅缩减，导致政府债务和财政赤字占 GDP 的比重大幅上升（见图 6-2、图 6-3）。二是边缘国家经济结构失衡加剧，经济竞争力持续下降，经常项目逆差和债务水平不断扩大，同时，人口老龄化和劳动力市场僵化等问题导致财政支出呈现趋势性增长。三是欧元区实行统一的货币政策，但缺乏对各成员国财政政策的有效约束。

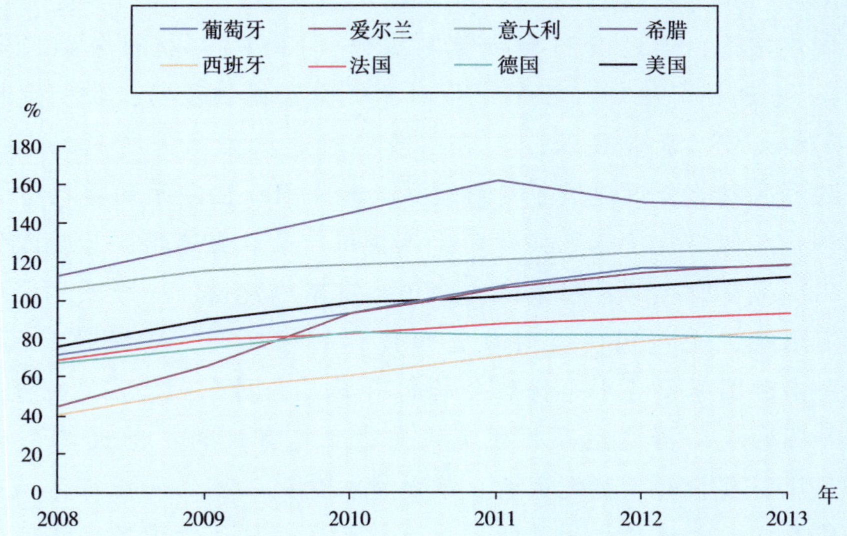

数据来源：IMF，“Fiscal Monitor Update”（2012 年 1 月）、IMF Country Report No. 11/351、No. 11/356 和 No. 11/363。2011—2013 年为预测数据。

图 6-2　政府债务占 GDP 的比重

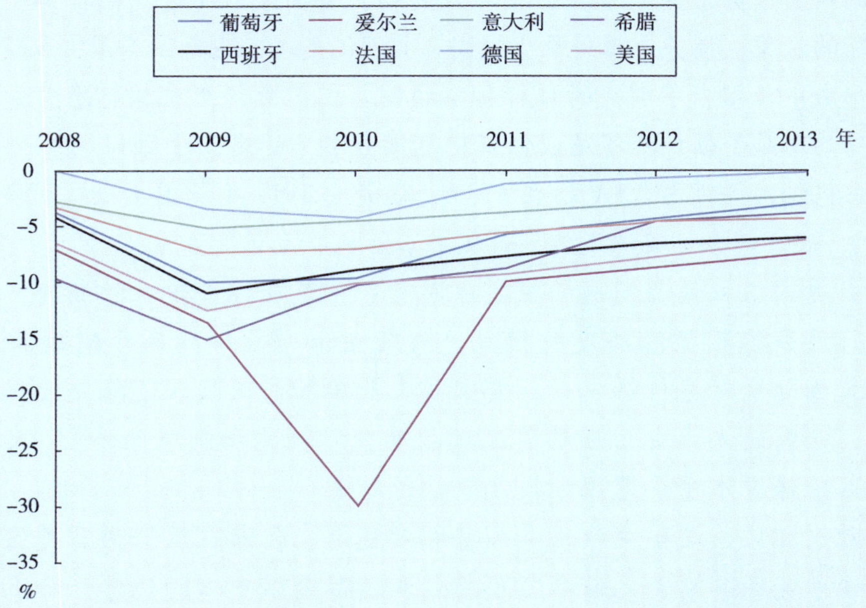

数据来源：IMF，“Fiscal Monitor Update”（2012 年 1 月）、IMF Country Report No. 11/351、No. 11/356 和 No. 11/363。2011—2013 年为预测数据。

图 6-3　政府赤字占 GDP 的比重

欧债危机爆发后，欧盟努力采取各项措施以应对危机：一是推动改革、加强财政纪律，2012 年初，欧盟 25 国签订了新财政协议，要求各国实施更严格的预算纪律，将平衡预算规定写入本国法律；二是加强“防火墙”制度建设，通过欧洲金融稳定基金（EFSF）、欧洲金融稳定机制（EFSM）、欧洲稳定机制（ESM）等向危机国家提供救助，抑制危机的蔓延；三是加大救助资金投入，在前期多次对危机国家进行救助后，2012年初，欧元区财长会议通过了对希腊第二轮1 300亿欧元的援助方案，推动希腊与私人部门就债券置换计划达成共识。采取上述措施后，欧债危机在一定程度上有所缓解，但未来走向仍具有不确定性：一是欧元区经济复苏前景不乐观，重债国实现财政整顿目标的难度大，根据IMF的预测，未来两年南欧国家债务水平仍然会居高不下（见图6-2、图6-3）；二是对希腊等国的救助措施能否顺利实施并建立起有效的“防火墙”存在变数，并可能引发新的不稳定因素；三是危机向核心国家和银行体系蔓延的风险仍然存在。欧债危机的最终解决有赖于欧元区边缘国家经济竞争力的增强和欧元区机制建设的完善。

二、美国主权债务问题

国际金融危机爆发后，美国主权债务大幅上升，国债余额逼近2010年立法设定的政府债务余额上限。2011年8月初，美国政府通过提高债务上限和削减赤字的法案，债务上限将至少提高2.1万亿美元，避免了美国主权债务违约，并形成中长期赤字削减的目标和路线图。但国际评级机构标准普尔认为美国政府的财政整顿计划不足以保证中期债务水平稳定，于2011年8月7日将美国主权信用评级由AAA调至AA+，这是自1917年美国主权信用评级被穆迪授予Aaa[①]以来的首次下调，引发全球金融市场剧烈动荡。

造成美国主权债务问题的主要原因有：一是在过去较长时期内，美国一直奉行债务依赖型经济发展模式，财政支出增长持续高于财政收入增长。二是国际金融危机爆发后，美国高失业率和居民收入下降导致税收增长缓慢，而财政支出由于应对危机（救助金融机构和刺激经济）、人口老龄化、医疗保障水平和范围的提高而快速增长。

与欧洲相比，美国主权债务形势相对稳定，但潜在风险仍需关注。短期内，由于美国具有美元储备货币地位和国际金融中心的优势，加上欧债危机使得美国国债能保持对投资者的吸引力，美国主权债务风险不大。但就中长期而言，美国如果不进行根本性财政改革并采取有力的财政整顿措施，其债务水平将持续上升，进而陷入财政不可持续的境地。

---

① Aaa为穆迪信用评级的最高等级，与标准普尔的AAA相当。

二、企业部门

（一）企业利润增速下降，营业周期延长

主营业务收入增速回落。2011 年，规模以上工业企业[①]主营业务收入同比增长 27.2%，增速同比[②]下降 4.6 个百分点。人民银行监测的 5 000 户工业企业（以下简称 5 000 户企业）主营业务收入同比增长 12.5%，增速同比下降 16.1 个百分点；工业总产值（现价）同比增长 11.6%，增速同比下降 16.6 个百分点。

利润总额同比增速明显下降。2011 年，全国规模以上工业企业利润总额同比增长 25.4%，增速同比下降 24 个百分点。5 000 户企业利润总额同比增长 3.4%，增速同比下降 40.7 个百分点[③]。

企业资产周转率小幅下降，营业周期延长。2011 年 5 000 户企业存货周转率为 5.6 次，同比下降 0.2 次。其中，产成品周转率为 21.5 次，同比下降 1.2 次；原材料周转率为 14.7 次，同比下降 0.3 次。总资产周转率为 0.93 次，同比下降 0.3 次。2011 年，5 000 户企业的营业周期为 122.8 天，同比增加 8.2 天（见图 6－4）。

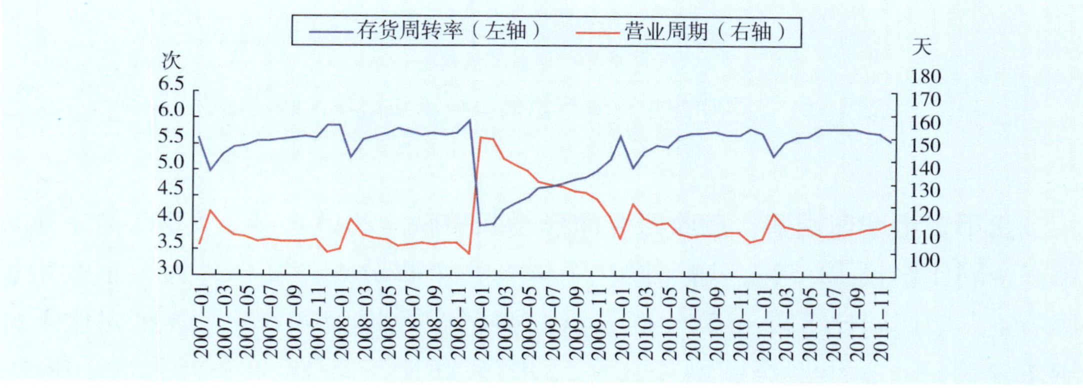

数据来源：中国人民银行。

图 6－4　5 000 户企业存货周转率与营业周期

---

① 国家统计调查从 2011 年 1 月起，纳入规模以上工业统计范围的工业企业起点标准从年主营业务收入 500 万元提高到 2 000 万元；固定资产投资项目统计的起点标准从计划总投资额 50 万元提高到 500 万元。统计起点标准提高后，起报点以上的企业或单位逐一进行调查，未达到起点的则进行抽样调查或科学核算。

② 由于对于全口径的规模以上工业企业效益数据，国家统计局在 2011 年之前只统计有 1～2 月、1～5 月、1～8 月、1～11 月数据，对于其他月份和全年数据，只有 22 个省市的汇总数据；因此，此处仅以 2010 年 1～11 月数据来说明 2010 年全年规模以上工业企业的生产经营情况，本书其他处也做同样处理。

③ 由于样本企业调整和企业上报数据时间的不一致，2011 年末利润总额同比增速为未调整前的数据；2010 年末调整后的数据为 44.12%。

（二）企业偿债能力高位回落，流动性有所趋紧

企业偿债能力高位回调，资产负债率小幅上升。2011 年末，5 000 户企业的流动比率为 106.7%，同比下降 0.6 个百分点；速动比率为 76.3%，与上年基本持平。利息保障能力下降，年末，5 000 户企业利息保障倍数为 6.5 倍，同比下降 1 倍，企业偿债能力下降。企业资产负债率上升至 61%，同比上升 0.8 个百分点（见图 6－5）。

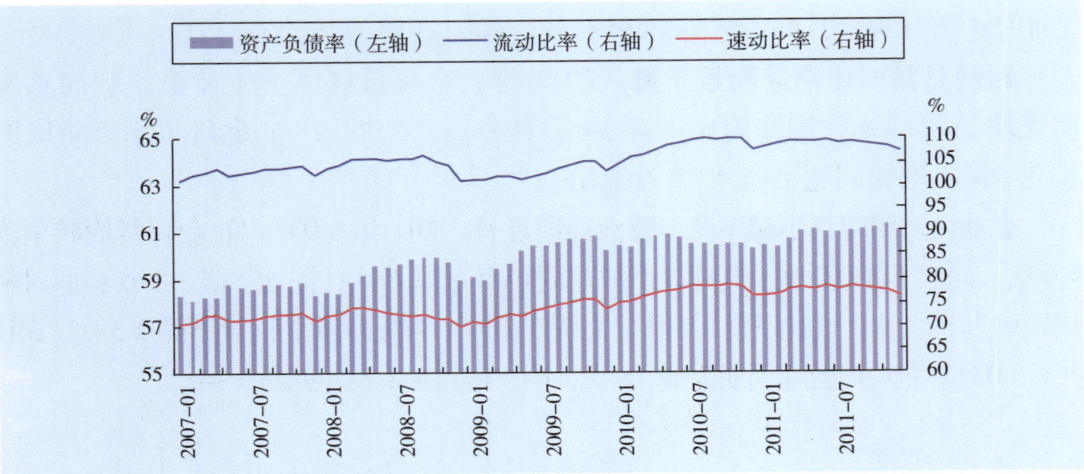

数据来源：中国人民银行。

图 6－5　5 000 户企业资产负债率和流动比率、速动比率

货币资金增速回落，应收账款净额增长较快。2011 年末，5 000 户企业货币资金同比增长 10.3%，增速同比下降 8.5 个百分点。其中，大型企业增长 11.3%，增速同比下降 6.5 个百分点；中型企业增长 4.6%，增速同比下降 20.6 个百分点；小型企业增长 6.6%，增速同比下降 18.4 个百分点。年末，规模以上工业企业应收账款同比增长 19.6%，增速同比下降 2.8 个百分点，产成品资金同比增长 20.8%，增速同比提高 9.6 个百分点。2011 年，5 000 户企业应收账款净额同比增长 22.3%，增速同比提高 7.1 个百分点（见图 6－6）。

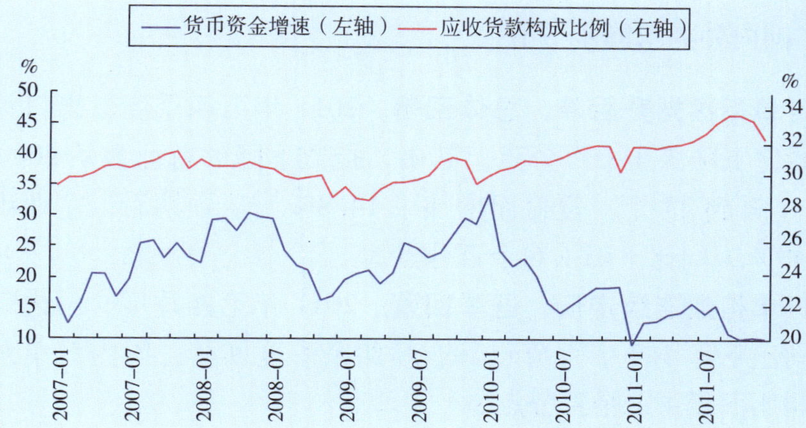

数据来源：中国人民银行。

图6-6　5 000户货币资金增速和应收货款构成比例

（三）企业原材料成本上涨的压力减轻，通胀预期下降明显

2011年，原材料购进价格指数和生产资料综合价格指数逐季回落，企业家感受成本压力较上年减轻。2011年第四季度，原材料购进价格指数和生产资料综合价格指数分别为68.2%和68.6%，同比分别大幅下降11.2个和8个百分点（见图6-7）。预计2012年第一季度物价进一步下行趋势更加明显。2011年第四季度，原材料购进价格预期指数和生产资料综合价格预期指数为66.3%和66.4%，较2011年第一季度分别回落6.3个和6个百分点，仅有33.1%的企业家预测下一季度成本走势"趋升"，环比下降4.8个百分点，企业成本压力逐步减弱。

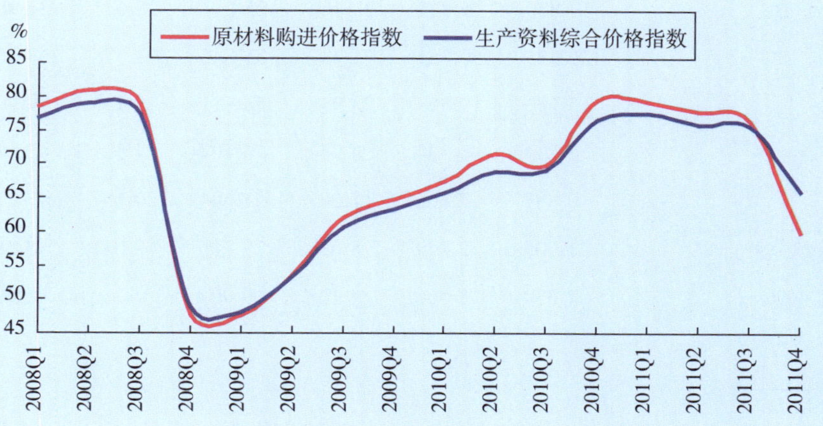

数据来源：中国人民银行。

图6-7　5 000户原材料购进价格指数和生产资料综合价格指数走势

（四）国内外需求同步下滑

出口订单指数先升后降，总体回落。2011 年第四季度，出口订单指数为 48.7%，同比下降 3.3 个百分点。其中，指数下降的行业数从 2010 年第四季度的 19 个上升到 23 个，覆盖面增加了 14.8%。从预期看，企业出口订单预期指数为 49%，同比下降 1.6 个百分点。

国内订单指数连续走低，逐季回落。2011 年第四季度，国内订单指数为 53.2%，同比下降 4.7 个百分点，连续四个季度回落；国内订单预期指数为 52.5%，同比下降 4.1 个百分点。

三、住户部门

（一）住户部门金融资产较快增长，居民理财意识增强

住户部门金融资产增长较快，但人均水平较低。2010 年末，我国住户部门金融资产达到 49.5 万亿元，同比增长 20.4%（见表 6－1）。从人均水平看，我国住户部门的金融资产规模仍处于较低水平。按期末汇率折算，2010 年末，我国居民人均持有金融资产仅为 5 591 美元，而美国、英国、德国、日本四国人均持有金融资产分别为 15.7 万美元、11.2 万美元、8.1 万美元和 15 万美元[①]。

表 6－1　我国住户部门金融资产负债情况　　单位：亿元

年份	2004	2005	2006	2007	2008	2009	2010
金融资产	180 369	209 083	251 600	335 495	342 870	410 869	494 832
本币通货	17 820	19 945	22 469	25 211	28 622	31 982	37 691
存款	129 575	150 551	171 737	181 840	228 478	268 650	315 642
证券	15 190	14 399	23 945	58 311	25 139	49 997	59 169
债券	6 293	6 534	6 944	6 707	4 981	2 623	2 692
股票	8 897	7 865	17 001	51 604	20 157	47 374	56 477
证券投资基金份额	1 905	2 449	5 618	29 716	17 011	8 383	7 346
证券客户保证金	1 339	1 566	3 128	9 904	4 760	5 695	4 447

① 如无特殊说明，各国居民部门金融资产负债数据均来自各国公布的“资金流量表”（Flow of Funds Accounts）存量数据。其中，美国为 2011 年 12 月末数据，英国为 2011 年 3 月末数据，德国为 2011 年 7 月末数据，日本为 2011 年 9 月末数据。下面的存款比重、金融资产负债率等数据日期与之相同。居民部门包括居民部门及为居民部门提供服务的非营利机构。

续表

年份	2004	2005	2006	2007	2008	2009	2010
保险准备金	14 113	18 315	22 680	27 097	37 831	46 226	52 667
代客理财资金	—	—	—	—	—	—	14 975
资金信托计划权益	—	—	—	—	—	—	3 088
结算资金	-77	23	17	0	0	0	0
其他（净）	504	1 835	2 005	3 415	1 030	-64	-193
金融负债	29 431	32 972	39 636	50 652	57 892	82 744	117 094
贷款	29 431	32 972	39 636	50 652	57 892	82 744	117 094
净金融资产	150 938	176 111	211 964	284 843	284 978	328 125	377 738

数据来源：中国人民银行。

理财和信托权益等金融资产增长显著。随着收入水平持续提高、财富规模不断扩大，居民对金融资产保值增值与多元化配置有了更高的要求。近年来，存款占居民金融资产的份额持续下降，2010 年末存款占比为 63.8%，较 2004 年末下降 8 个百分点。证券、证券投资基金和证券客户保证金等金融资产价值随 2007—2008 年资本市场的波动变化较大，近几年比重趋于稳定，保持在 15% 左右。居民购买的理财产品和资金信托权益增长显著，2010 年末代客理财资金和资金信托计划权益达 1.8 万亿元，占居民金融资产的 3.7%（见表 6-2）。

表 6-2　我国居民金融资产结构　　单位：%

年份	2004	2005	2006	2007	2008	2009	2010
本币通货	9.9	9.5	8.9	7.5	8.3	7.8	7.6
存款	71.8	72.0	68.3	54.2	66.6	65.4	63.8
证券	8.4	6.9	9.5	17.4	7.3	12.2	12.0
国债	3.5	3.1	2.8	2.0	1.5	0.6	0.5
股票	4.9	3.8	6.8	15.4	5.9	11.5	11.4
证券投资基金份额	1.1	1.2	2.2	8.9	5.0	2.0	1.5
证券客户保证金	0.7	0.7	1.2	3.0	1.4	1.4	0.9
保险技术准备金	7.8	8.8	9.0	8.1	11.0	11.3	10.6
代客理财资金	—	—	—	—	—	—	3.0
资金信托计划权益	—	—	—	—	—	—	0.6

数据来源：中国人民银行。

居民金融资产多元化程度有待提高。从金融资产构成来看，存款在我国居民金融资产中的比重仍远高于一些发达国家，股票、债券和基金等证券产品比重与其他国家差距缩小，保险及养老金比重仍然较低。与主要发达国家相比，我国居民对各种保险产品的消费水平较低，2010年末保险准备金在我国居民部门金融资产中的比重仅为10.6%，而保险及养老金准备在美国、英国、德国和日本居民金融资产中的比重分别为29.2%、53.4%、36.1%和28.6%。

（二）住户部门负债水平低，贷款质量较好

住户部门的负债水平较低。金融资产负债率①是反映住户部门负债风险的重要指标，2004—2010年，我国住户部门的金融资产负债率为15%～24%，表明我国住户部门的负债水平较低（见图6-8）。2011年，美国、英国、德国、日本四国住户部门的金融资产负债率分别为28.1%、35.4%、33.3%和24.1%。

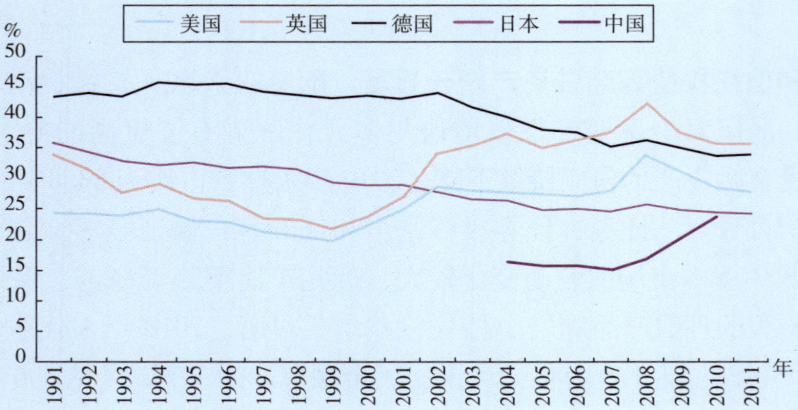

数据来源：各国资金流量统计。

图6-8 金融资产负债率国际比较

住户部门偿债能力较强。负债与可支配收入的比率反映住户部门的债务偿还能力和债务可持续性。2004—2008年，我国住户部门负债占可支配收入的比率为30%～32%②（见图6-9）。同期，美国、英国和日本等发达国家住户部门负债与可支配收入比重均超过100%。与发达国家相比，我国住户部门整体财务可持续性较强。

住户部门贷款质量较好。我国个人贷款（不含个人经营性贷款）的不良贷款余额和不良率继续保持"双降"，2011年末，不良贷款余额③717亿元，

① 金融资产负债率=金融负债总额/金融资产总额。

② 我国居民可支配收入来自《资金流量表（实物交易）》。

③ 不良贷款数据来自中国银监会。此部分数据2007—2008年统计范围包括政策性银行、国有商业银行、股份制商业银行、城市商业银行、农村商业银行、农村合作银行、外资法人机构及其分行、外国银行分行、城市信用社（包括单一法人社和保留社）、农村信用社、企业集团财务公司、信托投资公司、金融租赁公司和汽车金融公司，2009年后统计范围增加中国邮政储蓄银行。

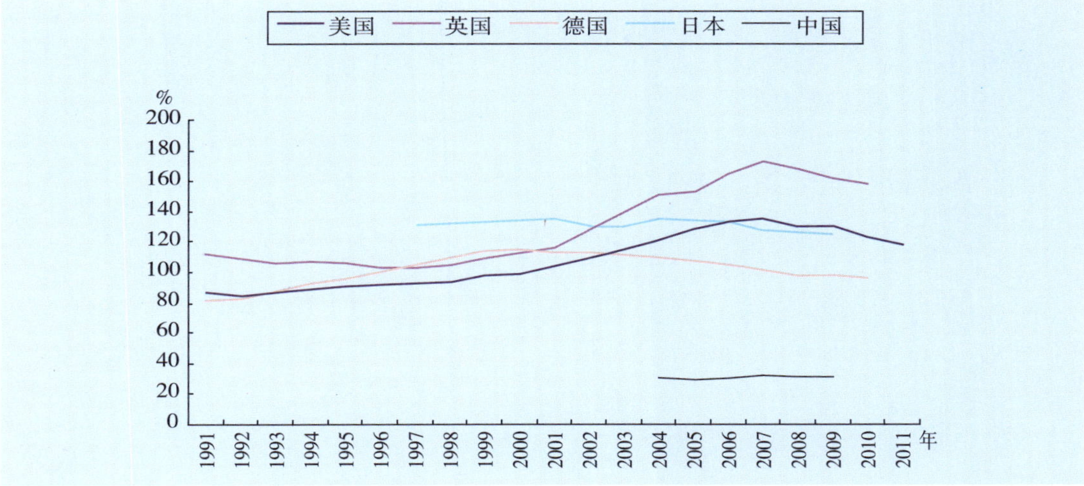

数据来源：各国资金流量统计。其中，美国为2011年数据，英国和德国为2010年数据，日本为2009年数据。

图6－9 金融负债/可支配收入国际比较

比年初减少105亿元；不良率0.8%，比年初下降0.3个百分点。其中，个人住房按揭不良贷款余额197亿元，比年初减少14亿元；不良率0.3%，比年初下降0.1个百分点。汽车贷款不良率1.1%，比年初下降0.3个百分点；个人信用卡不良贷款余额102亿元，比年初增加28亿元；不良率1.2%，比年初下降0.4个百分点（见图6－10）。

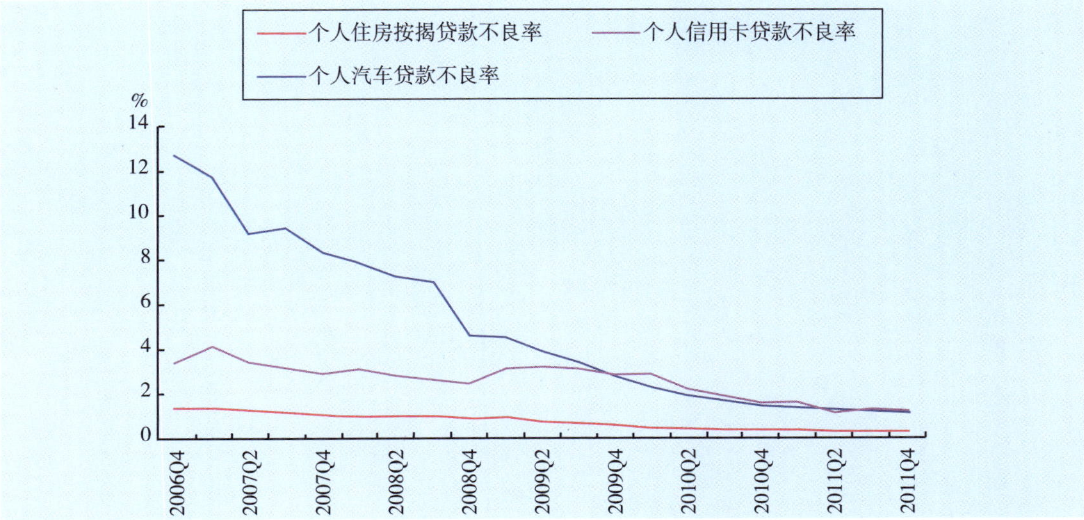

数据来源：中国银监会。

图6－10 各类个人非经营性贷款不良率

数据来源：中国银监会。

图6-10　各类个人非经营性贷款不良率

第七章

金融基础设施

2011年，我国金融基础设施建设稳步推进，支付、清算和结算体系建设取得新进展，金融法律法规不断健全，会计准则体系进一步完善，信用环境逐渐优化，反洗钱工作深入推进，有力地促进了金融生态环境的改善和金融体系的稳健运行。

一、支付、清算和结算体系

（一）体系建设取得新进展

支付系统建设稳步推进，运行安全稳定。2011年，支付系统业务量继续保持快速增长态势，全国各类支付系统共处理人民币支付业务155.23亿笔、金额1 991.90万亿元，同比分别增长29.3%和19.7%。支付系统的稳定运行提高了金融市场资金结算效率，是安全高效金融体系的重要支撑。此外，网上支付跨行清算系统在全国范围推广完成，提高了网上支付等新型电子支付业务跨行清算效率。第二代支付系统及中央银行会计核算数据集中系统（ACS）建设工作稳步推进。

规章制度不断健全，监管体制逐步完善。一是发布《关于中国支付体系发展（2011—2015年）的指导意见》，阐明当前和今后一段时期内支付、清算和结算系统发展的政策取向。二是建立和完善了支付、清算和结算业务管理制度。强化对互联网支付、移动支付、预付卡等新兴业务的规范和管理。三是组织开展支付结算执法检查，规范支付结算秩序，维护相关主体的合法权益。四是推动成立中国支付清算协会，在加强政府监管的同时，引入市场主体自我管理、自我约束和创新机制。五是确立了支付服务“政府监管、行业自律、公司治理、自我约束”的监管工作机制。

非现金支付工具得到广泛应用。2011年，我国共使用票据、银行卡等非现金支付工具办理支付业务338.30亿笔、金额1 104.35万亿元，同比分别增长22.1%和22.0%。境内流通中现金（M_0）与GDP的比值从2006年的12.8%持续下降至2011年的10.8%。基本形成了适应企事业单位和居民需要的、多样化的非现金支付工具体系，银行卡已成为居民个人使用最为广泛的支付工具。人民银行通过组织开展农民工银行卡特色服务、银行卡助农取款服务等，积极推动银行卡在农村地区的发行与使用，便利涉农、惠农资金及时到账。此外，票据电子化、网络支付等也得到蓬勃发展。

中央债券结算和集中清算业务快速增长。2011年，中央债券综合业务系统办理人民币债券资金结算业务74.05万笔、金额232.48万亿元，同比分别增长51.36%和14.35%。券款对付（DVP）业务规模持续扩大，进一步降低了银行间债券市场的流动性风险，提高了结算效率。已开办 DVP 业务机构共 1 728 家，较上年新增 721 家。市场成员间 DVP 结算共 66.43 万笔、金额 218.09 万亿元，同比增长 52.54% 和 14.71%。债券系统建设进一步加强，中央国债登记结算公司新一代客户端、质押品管理系统成功上线。上海清算所推出外汇即期竞价净额和现券交易集中清算业务，实现了场外市场部分产品的集中登记、清算和监测，有助于防范系统性风险。

（二）发展展望

下一步，组织实施《关于中国支付体系发展（2011—2015 年）的指导意见》，统筹协调支付、清算、结算体系发展，切实保障其安全稳定运行。一是进一步健全支付结算法规制度，强化支付系统的风险管理，建立健全银行和支付机构的电子支付业务制度安排，完善支付清算结算服务收费定价机制。二是继续完善基础设施，切实提高支付体系的安全性和可靠性，推动各类市场主体持续优化零售支付服务，为社会公众提供更加安全、便捷、低成本的支付服务，统筹协调支付系统与外汇结算系统、证券结算系统、中央对手方等的发展。研究推动证券、外汇结算系统与境内外支付系统的衔接应用。三是加强支付服务市场监督管理，全面加强对银行机构、清算组织、支付机构从事支付业务的日常监督检查，健全跨部门监管协调机制，继续推广落实金融账户实名制、强化银行卡安全管理、加强对重要支付系统和支付机构的监管。四是推动改善农村支付服务环境，加大新兴支付方式在农村地区的推广使用，鼓励农村地区金融机构以多种方式接入支付系统。

二、法律环境

（一）金融法律法规不断健全

出台法律制度，进一步夯实金融法律基础。2011 年 2 月通过的《中华人民共和国刑法修正案（八）》，规定了强迫交易罪，有利于净化金融市场交易秩序。6 月通过的《中华人民共和国行政强制法》，规范了行政强制的设定和实施，明确了冻结、划拨存款和汇款的法律依据、实施程序和有关各方的权利义务，有利于金融机构依法配合行政机关履行职责，防范可能产生的法律风险。10 月通过的《全国人大常委会关于加强反恐怖工作有关问题的决定》，解决了金融机构和特定非金融机构协助迅速冻结涉恐财产时的法律障碍。此外，国务院还发布了一系列法规性文件，对维护金融市场秩序、规范投融资行为、

（二）企业偿债能力高位回落，流动性有所趋紧

企业偿债能力高位回调，资产负债率小幅上升。2011 年末，5 000 户企业的流动比率为 106.7%，同比下降 0.6 个百分点；速动比率为 76.3%，与上年基本持平。利息保障能力下降，年末，5 000 户企业利息保障倍数为 6.5 倍，同比下降 1 倍，企业偿债能力下降。企业资产负债率上升至 61%，同比上升 0.8 个百分点（见图 6－5）。

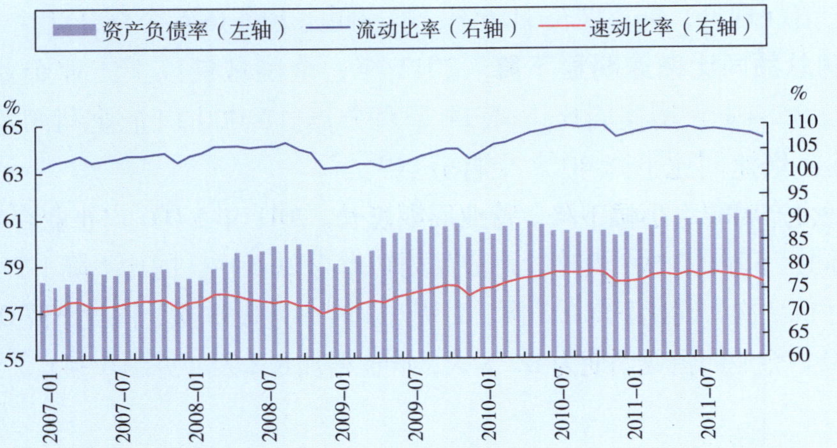

数据来源：中国人民银行。

图 6－5　5 000 户企业资产负债率和流动比率、速动比率

货币资金增速回落，应收账款净额增长较快。2011 年末，5 000 户企业货币资金同比增长 10.3%，增速同比下降 8.5 个百分点。其中，大型企业增长 11.3%，增速同比下降 6.5 个百分点；中型企业增长 4.6%，增速同比下降 20.6 个百分点；小型企业增长 6.6%，增速同比下降 18.4 个百分点。年末，规模以上工业企业应收账款同比增长 19.6%，增速同比下降 2.8 个百分点，产成品资金同比增长 20.8%，增速同比提高 9.6 个百分点。2011 年，5 000 户企业应收账款净额同比增长 22.3%，增速同比提高 7.1 个百分点（见图 6－6）。

二、企业部门

（一）企业利润增速下降，营业周期延长

主营业务收入增速回落。2011 年，规模以上工业企业①主营业务收入同比增长 27.2%，增速同比②下降4.6 个百分点。人民银行监测的5 000 户工业企业（以下简称5 000 户企业）主营业务收入同比增长 12.5%，增速同比下降 16.1 个百分点；工业总产值（现价）同比增长 11.6%，增速同比下降 16.6 个百分点。

利润总额同比增速明显下降。2011 年，全国规模以上工业企业利润总额同比增长 25.4%，增速同比下降 24 个百分点。5 000 户企业利润总额同比增长 3.4%，增速同比下降 40.7 个百分点③。

企业资产周转率小幅下降，营业周期延长。2011 年 5 000 户企业存货周转率为 5.6 次，同比下降 0.2 次。其中，产成品周转率为 21.5 次，同比下降 1.2 次；原材料周转率为 14.7 次，同比下降 0.3 次。总资产周转率为 0.93 次，同比下降 0.3 次。2011 年，5 000 户企业的营业周期为 122.8 天，同比增加 8.2 天（见图6-4）。

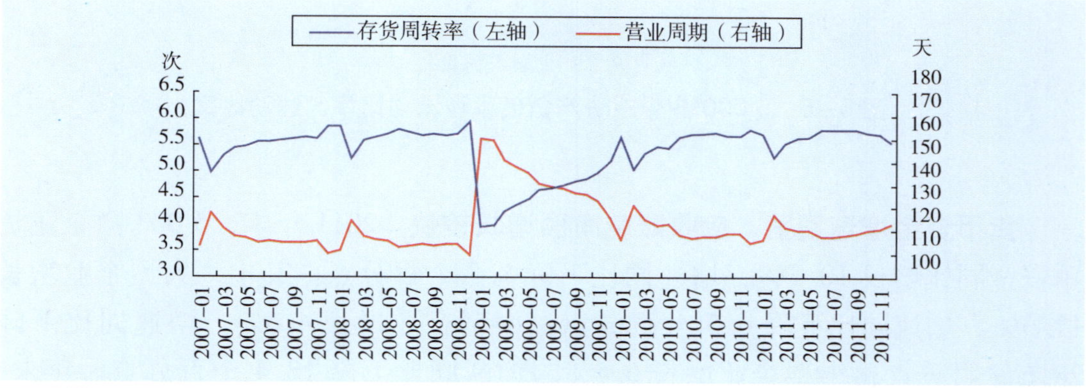

数据来源：中国人民银行。

图6-4　5 000 户企业存货周转率与营业周期

---

① 国家统计调查从2011 年1 月起，纳入规模以上工业统计范围的工业企业起点标准从年主营业务收入500 万元提高到2 000 万元；固定资产投资项目统计的起点标准从计划总投资额50 万元提高到500 万元。统计起点标准提高后，起报点以上的企业或单位逐一进行调查，未达到起点的则进行抽样调查或科学核算。

② 由于对于全口径的规模以上工业企业效益数据，国家统计局在2011 年之前只统计有1 ~2 月、1 ~5 月、1 ~8 月、1 ~11 月数据，对于其他月份和全年数据，只有22 个省市的汇总数据；因此，此处仅以2010 年1 ~11 月数据来说明2010 年全年规模以上工业企业的生产经营情况，本书其他处也做同样处理。

③ 由于样本企业调整和企业上报数据时间的不一致，2011 年末利润总额同比增速为未调整前的数据；2010 年末调整后的数据为44.12%。

防范系统性金融风险起到积极作用。

专栏 19　金融消费者权益保护

国际金融危机后，主要发达国家和经济合作与发展组织（OECD）等国际组织普遍认识到，金融消费者权益保护是维护金融体系信心、促进消费增长、推动经济发展、维护金融稳定的关键因素。2011 年 11 月，G20 戛纳峰会发布了包括金融消费者权益保护有关原则在内的共同宣言。美国、英国、加拿大、澳大利亚等国也相继出台或正在研究加强金融消费者保护的相关措施。

目前，我国的金融消费者保护制度建设和组织建设方面尚不完善，主要体现为缺乏完善的金融消费者保护法律体系、维权程序不健全、监管机制不足等，导致近年来侵犯金融消费者利益案件时有发生。为加强金融消费者权益保护，国务院已批准人民银行、银监会、证监会和保监会成立金融消费者保护的专门机构，我国金融消费者权益保护不足的问题正在逐步得到改善。

人民银行于 2010 年启动金融消费者保护试点工作。2011 年，试点工作进一步向纵深推进，截至年末，人民银行的 563 个分支机构已经在我国 29 个省（自治区、直辖市）开展了金融消费者权益保护工作，单独或配合地方政府设立了 454 个金融消费者维权中心。通过建立金融消费申诉处理评价制度、纠纷调解制度、投诉案例报告与共享制度等，人民银行分支机构受理并解决各类金融消费纠纷 4 000 多件，消费者满意度近 100%。同时，人民银行还发挥分支机构覆盖面广的优势，在一些地区将银行业、证券业和保险业的消费者投诉纳入工作范围。总体上看，人民银行开展金融消费者保护试点取得了明显成效。

为保护存款人和其他客户合法权益，银监会开设了面向公众的“公众教育服务区”，开通“公众教育服务网”，强调商业银行“卖者有责”，制定发布有关理财产品销售、信用卡、银行代理销售保险、银行收费服务等规章文件，规范商业银行经营，保护银行消费者的知情权、选择权、隐私权和公平交易等合法权益。证监会组织开展投资者保护集中宣传工作，积极推动建立证券纠纷调解机制，研究落实利用网络平台开展投资者保护工作。保监会不断完善消费者利益保护的监管组织体系，建立健全保险纠纷调处机制、理赔服务监督机制和保险投诉机制，大力开展保险消费者教育，宣传普及保险知识，提高公众风险意识和维权能力，通过出台专项制度、严查重处等举措，重点解决车险理赔难和寿险销售误导问题。

出台司法解释，保障金融稳定运行。2011 年，最高人民法院发布《最高人民法院关于审理涉及中国农业银行股份有限公司处置股改剥离不良资产案件适用相关司法解释和司法政策的通知》、《最高人民法院印发〈关于审理证券行政处罚案件证据若干问题的座谈会纪要〉的通知》、《最高人民法院关于非法集资刑事案件性质认定问题的通知》、《关于依法妥善审理民间借贷纠纷案件促进经济发展维护社会稳定的通知》、《最高人民法院关于人民法院委托评估、拍卖工作的若干规定》等司法解释，对于防止国有资产流失、推动监管部门依法行政、保护广大投资者合法权益、妥善化解民间借贷纠纷、维护社会稳定起到了重要作用。

发布部门规章办法，促进金融市场稳健经营。人民银行制定的《境外直接投资人民币结算试点管理办法》、《非金融机构支付服务业务系统检测认证管理规定》、《外商直接投资人民币结算业务管理办法》等，支持了银行业金融机构和境内机构开展境外直接投资人民币结算业务，加强了非金融机构支付服务业务的信息安全管理与技术风险防范，规范了银行业金融机构办理外商直接投资人民币结算业务。监管部门制定了《商业银行杠杆率管理办法》、《商业银行贷款损失准备管理办法》、《商业银行理财产品销售管理办法》、《期货公司期货投资咨询业务试行办法》、《基金管理公司特定客户资产管理业务试点办法》、《证券投资基金销售管理办法》、《转融通业务监督管理试行办法》、《保险公司保险业务转让管理暂行办法》等，进一步规范相关行业的管理。

（二）立法展望

2012 年，继续推动《证券投资基金法》与《预算法》的修订。根据《国务院 2012 年立法工作计划》，力争完成《国际收支统计申报办法》、《期货交易管理条例》的修订和“征信业管理条例”的出台。推动“上市公司监管条例”、“银行业金融机构破产条例”、“农业保险条例”的适时出台。积极研究论证制定“黄金市场管理条例”、“存款保险条例”、“金融统计管理条例”、“证券投资者保护基金条例”和修订《现金管理暂行条例》、《结汇、售汇及付汇管理规定》、《机动车交通事故责任强制保险条例》。

三、会计标准

（一）会计准则和内控规范体系进一步完善

推进会计准则的制定和实施工作。一是《小企业会计准则》发布，将于

2013 年起在小企业范围内施行，标志着我国会计准则体系进一步完善。二是企业会计准则可扩展商业报告语言（XBRL）通用分类标准开始施行。首批实施单位包括国家开发银行、中国人寿保险股份有限公司，2012 年实施范围进一步扩大到所有上市商业银行。推动企业会计准则通用分类标准银行业扩展分类标准的制定，初步建立统一的电子财务报告数据标准。

推动内控规范体系的建立和实施。《企业内部控制配套指引》在境内外同时上市的公司施行，并逐步扩大到所有主板上市公司、中小板和创业板上市公司，标志着我国企业内部控制规范体系的基本建立。

（二）发展展望

下一步，继续推进我国金融领域会计改革与发展。积极推进我国企业会计准则的趋同与等效。根据国际财务报告准则改革情况，结合国内实际，保持我国企业会计准则与国际财务报告准则持续趋同，为逆周期的宏观审慎管理提供高质量的会计信息支持。此外，力争尽快实现中欧会计准则最终等效的目标，继续推进与美国、俄罗斯等其他国际主要资本市场的双边会计准则等效，以有效减少企业的融资成本。同时，围绕“十二五”规划，进一步完善会计标准体系，推进金融会计领域改革发展，继续指导推动金融企业完善内控体系工作。

专栏 20 中央银行资产负债表管理

2007 年国际金融危机爆发后，发达经济体央行纷纷通过改变其资产负债表结构和规模实施非常规货币政策。主要工具包括：一是创新融资融券工具，向市场注入流动性。美联储陆续推出“短期拍卖便利”等十余种创新金融工具，为金融系统和私人部门提供贷款或直接购买金融资产；英格兰银行推出“特别流动性计划”和“资产购买便利”，允许英格兰银行通过增发货币购买二级市场的政府债券等资产；欧央行通过“有资产担保证券的购买计划”分批购入以抵押贷款或公共部门贷款支持的证券，并在希腊主权债务危机爆发后，通过“证券市场计划”在二级市场购买欧元区成员国政府债券以确保市场流动性。二是向存款类机构准备金付息。美联储向存款机构在美联储的准备金账户支付相当于联邦基金目标利率的利率，以鼓励银行将储备资金留存在美联储；日本银行推出了类似的“互补性存款便利”。三是救助系统重要性金融机构。美国、英国、瑞士、德国、法国、意大利和荷兰等国央行先后对面临倒闭的系统重要性金融机构注资或将其国有化。四是实行超宽松的货币政策。美联储两次实施量化宽松的政策，购买总额达1.65万亿美元的长期国债、抵押贷款证券等金融工具。五是设立特殊实体承担专门政策性任务。美联储先后设立了三家公司收购贝尔斯登和美国国际集团的资产，购买大量“两房”和吉利美(Ginnie Mae)发行和担保的抵押贷款证券；英格兰银行设立“资产购买便利基金”，为“资产购买便利”计划提供贷款。

中央银行之所以能通过调整资产负债表结构和规模实施非常规货币政策，在于其资产负债形成机制的特殊性，即央行作为货币发行主体，可以通过信贷、贴现、购买有价证券等资产操作，派生出商业银行存款、政府存款等负债。央行资产负债形成机制与一般商业主体相反，央行因而具有调整其资产负债结构和规模的主动权。非常规货币政策对央行资产负债表主要产生了以下影响：一是资产负债规模出现不同程度扩张。例如美联储、英格兰银行和欧央行2010（财）年末的资产规模相比危机发生前(2007年6月)分别增长了169%、151%和66%；二是资产负债结构发生了变化。主要是长期证券资产比例上升，短期证券资产比例下降，对商业企业的信贷资产增加，金融机构和政府存款比例增加。如2006年末美联储持有的90%的资产为国债，美联储2010年末资产负债表项目数相比2006年增加了近一倍，创新金融工具已占总资产比重的53%。

中央银行通过扩张资产负债表，实施非常规货币政策，在应对危机和维护方面发挥积极作用。但也增加了自身资产负债管理难度。许多国家中央银行通过灵活有效的资产负债管理控制风险敞口。例如欧央行等采用增资、计提一般风险准备金的方式应对风险；英格兰银行通过设立特殊实体将一部分信用风险与央行资产负债表隔离开；荷兰、南非等央行通过对冲外汇储备资产，或将汇率风险转移给政府以减少央行承担的外汇风险。为此，应在强化中央银行维护金融稳定职能的同时，探讨防范央行财务风险和增强央行财务实力的途径，研究建立政府补偿机制。

四、信用环境

2011年，社会信用体系建设取得积极进展，征信市场、行业和地方信用建设稳步推进，社会信用意识普遍提升，信用环境进一步优化。

（一）征信与社会信用体系建设稳步推进，信用环境持续向好

征信法规、标准建设取得新进展。《征信管理条例（征求意见稿）》第二次向社会公众和地方政府、相关部委、科研院所、金融机构、征信机构征求意见，基本完成起草工作。开展机构信用代码试点，推进机构信用代码制度建设，推动落实金融账户实名制，提高金融服务水平，促进各部门信息实现共享。

社会信用体系建设系统推进。行业信用建设加强，失信惩戒机制初步建立，行业间信用信息的互联互通范围进一步扩大。金融业统一征信平台共建工作逐步推进，初步实现了人民银行个人和企业信用信息基础数据库信息与银监会、证监会信息的交换和共享。地方信用建设取得积极进展，地方政府整合各部门信用信息，推动信用信息共享。中小企业和农村信用体系建设继续推进，缓解了中小企业和农户融资难问题。截至2011年末，全国共建立农户信用档案1.43亿户；其中，评定信用农户9 360万户，获得银行贷款的农户近8 185万户，贷款余额1.52万亿元。补充完善未与银行发生信贷关系的中小企业信息226.54万户；其中，取得银行授信意向的企业36.36万户，获得银行贷款的企业21.66万户，贷款余额4.28万亿元。

征信市场继续扩大，防范信用风险的作用不断增强。人民银行个人和企业信用信息基础数据库覆盖范围继续扩大，在商业银行防范信用风险中发挥了重要作用。截至2011年末，个人和企业信用信息基础数据库分别收录8.05亿自然人和1 809.2万户企业及其他组织的信息，开通查询用户19.8万个和12.6万个；全年累计查询2.41亿次和0.69亿次。服务中小企业的动产融资登记公示系统运行平稳，登记量和查询量显著上升，在应收账款质押融资和融资租赁业务中发挥出越来越重要的作用。截至年末，应收账款系统累计发生登记50.18万笔，查询64万笔；融资租赁系统累计发生登记4.72万笔，查询1.27万笔。证监会诚信数据库建设升级，诚信信息内容进一步丰富，目前诚信档案收录了近8 500家次机构和14 000人次人员的诚信信息，2011年，诚信信息查询量日均近100批次。信用评级机构实力增强，在资本市场和信贷市场的影响日益扩大。全年银行间债券市场和信贷市场共完成信用评级业务4.92万笔，同比增长14.97%。

监管进一步加强。加强征信系统数据质量管理，开展对商业银行数据报送、查询使用、安全管理、异议处理、贷款卡使用情况及相关制度建设的检查；督促商业银行完善征信制度，并逐步落实相关制度的备案管理。加强信用评级业务管理，规范信用评级机构行为，继续完善信用评级违约率检验系统功

能，提供评估信用评级风险的技术手段。完善市场自律约束机制，指导建立健全信贷市场信用评级机构总经理联席会议制度和信用评级报告专家评审委员会制度。

（二）发展展望

下一步，要全面规划和推进征信法规、征信管理、征信市场、征信宣传教育、征信文化体系和社会信用体系建设工作，进一步改善信用环境，为维护金融稳定提供基础保障。加快征信法规体系建设，继续推动“征信管理条例”出台进程，研究制定“个人信用信息保护办法”，推广应用机构信用代码。进一步推动社会信用体系建设，建立健全信用信息档案，依法扩大部门共享和对外公开，大力推进金融业统一征信平台建设，全面开展中小企业和农村信用体系试验区建设。建立健全以征信机构与征信业务准入和退出、人员管理、现场检查、非现场监管为主要内容、行政管理与自律管理相结合的征信管理体系。全面开展征信市场体系建设，大力推进评级行业发展，鼓励信用评级机构采用先进的评级技术和评级方法，重点扶持品牌评级机构发展，大力加强征信宣传教育。

专栏21　正确认识信用评级机构的作用

信用评级机构是服务于资本市场的中介机构，主要通过专业化的信息搜集和分析，帮助投资者解决与发行主体之间的信息不对称问题。国际信用评级业发源于19世纪末20世纪初的美国，目前已经形成了以穆迪（Moody’s）、标准普尔（Standard & Poor）、惠誉国际（Fitch）三大评级机构为主导的格局。

国际金融危机爆发以来，国际信用评级行业受到广泛批评：一是存在顺周期性。在经济上行时期，评级机构不断调升评级，推升泡沫；在经济衰退时期，评级机构大幅下调评级，加剧市场恐慌，一定程度上引发了金融体系的不稳定。二是存在利益冲突。评级机构普遍采取“发行人付费”模式，评级机构商业化运作和独立性之间存在矛盾，可能受利益驱使偏向发行人。三是缺乏竞争性。评级行业高度垄断，使“声誉资本”这一市场自律的约束机制失效。四是缺乏透明度。评级机构未充分披露和解释其模型假设基础和数据来源，一定程度上误导了投资者对风险的判断。

针对上述问题，国际社会在反思危机根源和教训的基础上，对信用评级行业提出了各项改革措施和建议。国际证监会组织（IOSCO）2008年修订了《信用评级机构基本行为准则》，G20伦敦峰会《关于加强金融体系的宣言》明确提出加强信用评级机构的监管，美国和欧盟也纷纷出台改革法案，强化对信用评级机构的监管。主要措施包括：增加评级信息披露要求，增强防范利益冲突的要求，减少监管规则中对信用评级的使用，明确信用评级机构对公众投资者和发行机构的责任，建立机构性金融产品评级信息的共享机制等。

近年来，我国信用评级行业在风险揭示和定价方面发挥着一定作用，但由于发展历史较短等原因，也存在一些问题：一是行业整体发展水平低，竞争力弱；二是评级机构运作和治理不规范，评级技术有待提高；三是制度建设不够完善，不利于保护投资者利益；四是收费模式不合理，评级公正性受到挑战。为进一步推动我国信用评级行业的发展，应采取如下措施：一是引导投资人特别是大型金融机构加强内部评级体系建设，使内部评级与外部评级相互印证，减少对外部评级的依赖。二是理顺有关体制机制和利益关系，积极探索投资人付费模式，改进评级方法，提高评级透明度。三是探索实施双评级制度，充分发挥评级业在当前调控与改革中的积极作用，扶持培育我国信用评级机构做大做强。四是继续完善信用评级行业的执业规范，增强市场竞争，保护投资者权益。

五、反洗钱

2011年，反洗钱工作稳步推进，洗钱风险防范机制逐步形成，反洗钱调查工作更加规范，国际合作不断深化，在推动构建和完善国家洗钱风险预防体系、维护经济金融秩序方面发挥了重要作用。

（一）反洗钱工作制度和工作机制进一步完善

反洗钱监管工作水平不断提高。优化反洗钱监管资源配置，综合使用现场检查和非现场监管手段，研究建立金融机构洗钱风险评估制度，运用对金融机构反洗钱工作非现场评估结果确定现场检查工作的目标。开展特定非金融领域反洗钱监管工作，组织起草了《支付机构反洗钱和反恐怖融资管理办法》。

反洗钱调查工作有效性进一步提升。加强报案工作管理，严格限定案件协查范围，督促金融机构加强对可疑交易的识别分析。截至年末，人民银行反洗钱系统共向侦查机关报案595起，有8起案件被司法机关宣判洗钱罪。通过编发《反洗钱重大案件通报》和开展非法集资、信用卡套现、跨国电信诈骗等新型犯罪类型研究，向金融机构提示防范金融犯罪风险。

反洗钱国际合作继续深化。完成金融行动特别工作组（FATF）针对我国的后续评估报告。2011年6月，FATF全会讨论通过中国后续评估进展整体报告，高度评价中国取得的进展，尤其是金融业预防措施的进展，支持中国进一步完善反恐融资措施。同时，积极参与FATF第四轮互评估准备工作，有针对性地提出有关我国反洗钱工作的建议和意见。2011年6月，经国务院批准，人民银行代表中国签署了《欧亚反洗钱和反恐融资组织协议》。在亚太反洗钱组织（APG）第十四次年会上，我国以候任轮值主席身份首次加入领导小组，进一步扩大在区域性反洗钱组织影响力。

开展金融机构洗钱风险状况评价。人民银行开展金融机构洗钱风险状况评价，根据金融机构执行反洗钱制度、完善内部控制制度的情况，确定金融机构洗钱风险等级，尝试按照风险程度配置反洗钱资源，对高风险机构采取强化的反洗钱措施，对低风险机构采取简化的反洗钱措施，依据金融机构的风险状况调整风险管理策略。

（二）发展展望

下一步，人民银行将重点加强反洗钱法制建设，制定冻结涉恐资产管理办法，落实涉恐资产冻结机制。进一步优化监管框架与手段，以法人为单位实施监管，充分利用信息技术手段建立反洗钱监管档案与数据平台，以金融机构洗钱风险为基础实施差别化监管。试点开展金融机构自定可疑交易标准，引导做好客户风险等级划分与风险评估，建立以客户为中心的风险管理体系。完善反洗钱调查与可疑交易线索移送工作流程，加强调查工作与金融情报中心的协调配合，提高可疑交易线索的质量与利用转化率。继续在FATF框架下积极开展国际交流与合作，提升在反洗钱领域的国际话语权。

第八章

宏观审慎管理

2011年，国际组织继续加强宏观审慎管理国际标准和准则的研究制定，主要国家的金融监管改革持续推进，进一步强化宏观审慎管理职能。我国着力加强和完善宏观审慎管理制度框架，在金融统计和系统性金融风险监测评估、逆周期宏观调控、加强我国系统重要性金融机构监管及危机管理和风险处置框架方面取得了积极进展，有效地维护了金融体系的稳健运行。

一、国际社会加强宏观审慎管理的最新进展

2011年，国际社会在加强系统重要性金融机构（SIFIs）监管、推动建立逆周期调控机制、建立有效的处置框架、强化影子银行体系监管、加强场外衍生品基础设施等方面取得了积极进展，许多倡议在全球范围内达成共识，部分政策工具已在国家层面得到应用。

（一）强化对系统重要性金融机构的监管

2011年，金融稳定理事会会同巴塞尔委员会等国际组织继续从制定评估方法、强化损失吸收能力、建立有效的处置框架和提高监管的有效性等方面加强对系统重要性金融机构的监管，相关政策措施陆续出台。

完善评估方法和损失吸收能力。2011年11月，巴塞尔委员会出台《全球系统重要性银行：评估方法和额外损失吸收要求》，从系统重要性评估方法、额外损失吸收能力要求及满足额外损失吸收能力的工具等方面提出了全球系统重要性银行（G-SIBs）的政策框架。一是以定量指标和定性判断相结合的方法评估系统重要性。系统重要性定量指标主要包括全球活跃性、规模、关联性、可替代性和复杂性五大类12项指标（见表8-1），以此为基础，相关当局通过定量和定性信息对各银行的系统重要性进行调整，最终得出评估结果。2011年，巴塞尔委员会初步公布了包括我国中国银行在内的29家G-SIBs名单。今后，巴塞尔委员会将动态调整G-SIBs的系统重要性分值和名单。二是对不同组别的G-SIBs实行不同的额外损失吸收能力要求。巴塞尔委员会根据系统重要性程度把G-SIBs划分为4组，之上设置空组，分别实行不同的额外损失吸收能力要求（见表8-2）。

建立有效的处置机制。2011年11月，金融稳定理事会发布了《金融机构有效处置的核心要素》，从范围、处置部门、处置权力、资产处置、保障措施、处置资金来源、跨境合作法律框架、危机管理小组、单个机构跨境合作协议、可处置性评估、恢复和处置计划、信息获取和共享等12个方面明确了

表 8-1　G-SIBs 系统重要性评估指标

指标分类及权重	具体指标	权重（%）
全球活跃性（20%）	跨境求偿权	10
	跨境负债	10
规模（20%）	计算 Basel Ⅲ杠杆率时的总暴露	20
关联性（20%）	金融体系内资产	6.67
	金融体系内负债	6.67
	批发性融资比率	6.67
可替代性（20%）	托管资产	6.67
	通过支付结算系统完成的清算和结算金额	6.67
	债券和股票市场上承销金额	6.67
复杂性（20%）	场外衍生品名义价值总额	6.67
	第三类资产	6.67
	交易账户和可供出售证券价值	6.67

资料来源：巴塞尔委员会：《全球系统重要性银行：评估方法和额外损失吸收要求》，2011。

表 8-2　额外损失吸收能力要求

分组	系统重要性分值区间	最低额外损失吸收能力（%）
5（空组）	D 之上	3.5
4	C ~ D	2.5
3	B ~ C	2
2	A ~ B	1.5
1	分界点 ~ A	1

资料来源：巴塞尔委员会：《全球系统重要性银行：评估方法和额外损失吸收要求》，2011。

SIFIs 有效处置机制的基本特征，要求各经济体实现对 SIFIs 的有序处置，并建立存款保险制度或以私人部门为主要资金来源的处置基金，减少对公共救助资金的依赖。G-SIFIs 的母国和主要东道国应成立由中央银行、监管部门、处置部门、财政部门和其他负责金融机构保障的公共部门共同组成的危机管理小组（CMGs），开展可处置性评估、恢复和处置计划制定以及跨境合作协议制定等工作。下一步，金融稳定理事会将对 G-SIFIs 的有效处置机制建设进行定期评估。同时，《金融机构有效处置的核心要素》将纳入 IMF 和世界银行的 FSAP/ROSCs 评估中。

提高监管强度和有效性。2011 年，金融稳定理事会对《系统重要性金融机构监管强度和有效性》的执行进展情况进行了评估，并发布评估报告，提出了进一步强化 SIFIs 监管的建议措施。包括提高金融机构的数据汇总能力，确保监管当局拥有足够的资源进行有效监管，强化 SIFIs 的风险偏好框架和经营模式等领域的监管，提高金融机构的风险管理水平，鼓励全球会计机构提高审计质量，促进 SIFIs 监管机构和审计公司之间的对话。

（二）进一步完善逆周期措施

降低会计准则的顺周期性。2011 年 1 月，国际会计准则委员会（IASB）和美国财务会计准则委员会（FASB）联合发布了资产减值会计的征求意见稿，旨在改进现有的会计制度，建立基于预期的会计计算方法，以降低现行国际会计标准的顺周期性。征求意见稿提出将金融资产按照其特征分为两类，质量相对较好资产的预期信贷损失在未来存续期内按比例逐步计提减值准备，质量相对较差资产的预期信贷损失则一次性计提减值准备。同时设定最低减值准备金，确保减值准备能有效覆盖近期的信贷损失。此外，国际会计准则委员会和美国财务会计准则委员会正在研究贷款减值准备的具体衡量方法，包括资产减值准备计提比例的确定，以及贷款在各个类别间转换时减值准备的核算等。

降低扣减率和保证金的顺周期性。全球金融体系委员会（CGFS）提出了一系列降低扣减率（haircuts）和保证金顺周期性的政策选择。包括建立全周期的扣减率要求，监管扣减率由两部分构成：一部分是基于市场波动性和流动性确定的周期内相对稳定的扣减率要求，另一部分为逆周期附加要求，监管当局可根据形势需要，在杠杆率和资产价格上升阶段，抵押品风险被低估时，酌情采用逆周期的附加要求作为补充。将保证金要求与信用评级脱钩，当衍生品交易的盯市损失超出一定限额时，交易双方应及时调整保证金，以降低保证金要求的顺周期性。

（三）加强影子银行体系的监管

2011 年 4 月和 10 月，金融稳定理事会先后发布《影子银行体系：内涵和外延》、《关于加强影子银行体系监管的政策建议》，提出了加强影子银行体系监管的一系列政策建议。金融稳定理事会建议采取“两步法”强化对影子银行体系的监管，第一步是监管当局应关注所有非银行信用中介组织和业务，以确保监管能够覆盖所有可能引发风险的影子银行领域；第二步是将监管重点集中于非银行信用中介中增加系统性风险和产生监管套利的领域。据此，金融稳定理事会明确了影子银行体系监测的标准化步骤：一是各国当局应基于资金流，并结合央行货币统计及银行监管报告中的数据，全面审视影子银行体系的总体规模及发展趋势；二是识别影子银行体系的系统性风险，重点关注期限转换、流动性转换、信用风险转移和杠杆率四类关键风险因素，以及影子银行体系监管套利行为；三是评估影子银行体系在重大压力情景下或破产时可能对金融体系造成的潜在影响。金融稳定理事会还提出了一系列具体监管建议，包括加强影子银行体系与传统商业银行体系相互作用的监管、推进对货币市场基金的监管改革、强化对其他影子银行机构、资产证券化业务、融资融券业务的监管等。

（四）加强场外衍生品基础设施

2011 年 3 月，支付结算体系委员会（CPSS）和国际证监会组织（IOSCO）发布《金融市场基础设施原则（征求意见稿）》对系统重要性支付系统、中央证券存款机构、证券结算系统、中央交易对手方（CCPs）以及场外衍生品交易信息库等金融市场基础设施制定了统一标准和原则，提出了组织结构、信用和流动性风险管理、结算、中央证券结算系统、违约管理、业务和运营风险管理、接入渠道、有效性、透明度等 9 方面 24 项原则，明确了中央银行、市场监管机构及其他相关当局在金融市场基础设施监管方面的职责分工。此外，有关国际组织还就中央银行对 CCPs 的流动性支持、场外衍生品交易（非集中清算）保证金要求的国际标准、对资产证券化监管评估和重启等问题进行研究。

二、主要国家和地区加强宏观审慎管理的最新进展

（一）美国

金融稳定监督委员会（FSOC）履行宏观审慎职能。2011 年 7 月，FSOC 发布首份年报，从宏观经济环境、金融业发展、监管改革等方面分析美国金融稳定状况，评估金融稳定面临的潜在威胁，并提出相应的政策建议。10 月，FSOC 公布非银行金融机构确定方法草案，明确由美联储对可能对金融稳定造成威胁的部分非银行金融机构实施监管。此外，FSOC 发布“沃尔克规则”研究及实施建议报告，提出对自营交易进行监管审查、要求银行披露对冲基金和私募股权基金的风险敞口等在内的 10 项实施建议。

加强对系统重要性金融机构的监管。2011 年 12 月，美联储公布了一系列新的银行业监管规则，包括资本、流动性、信贷敞口、压力测试、风险管理和早期纠正要求等一揽子措施，对大型银行控股公司和系统重要性非银行金融机构提出了更加严格的监管标准和要求。

完善处置机制，出台事前清盘计划实施细则。2011 年 10 月，美联储与联

邦存款保险公司（FDIC）联合发布有关大型复杂金融机构事前清盘计划（“生前遗嘱”）实施细则。要求大型复杂金融机构说明其核心业务布局、组织架构层级、集团内部关联度、主要交易对手风险敞口、适用的监管安排等情况，制定风险化解措施和有序处置计划，督促其加强相关的公司治理和内部制度安排。同时，该细则还明确了美联储与 FDIC 的相关监管权力。

（二）英国

进一步完善金融监管改革方案。2011 年 2 月，英国政府公布《金融监管的新框架：建立一个更强健的体系（征求意见稿）》，提出设立金融行为局（FCA）负责金融消费者保护和金融机构商业行为监管，并进一步明确了金融政策委员会（FPC）、审慎监管署（PRA）以及 FCA 各自的职责分工（见图 8－1）。同时，英格兰银行成立临时 FPC，开始履行宏观审慎职能，识别和监测系统性风险，维护和提高英国金融体系的稳健性。6 月，英国政府发布白皮书《金融监管的新框架：改革蓝图》，将金融改革向法律层面推进，提出了金融服务法草案。2012 年 1 月，金融服务法案完成立法前预审，正式进入立法程序。

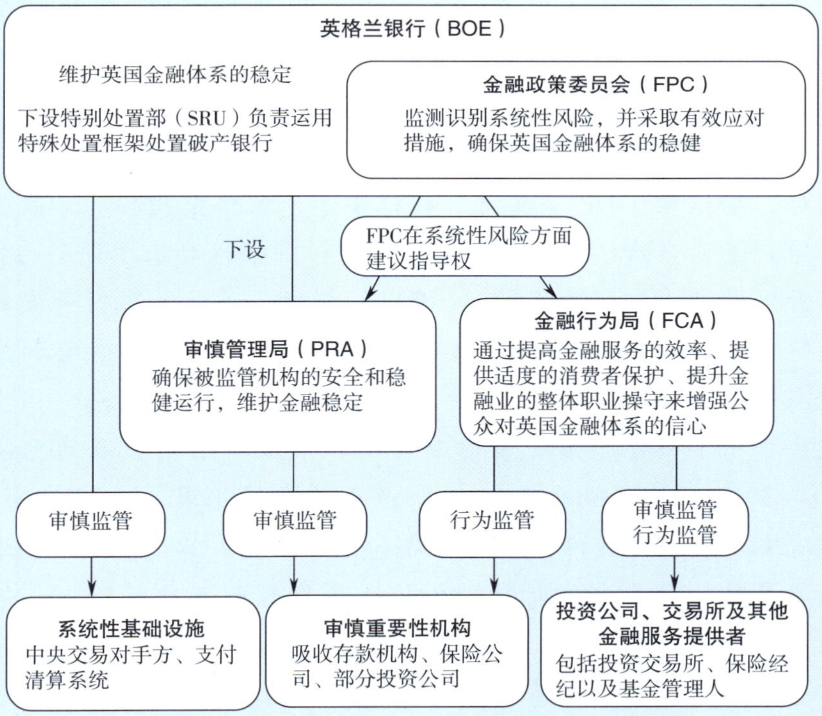

资料来源：英国财政部：《金融监管的新框架：建立一个更强健的体系》，2011。

图 8－1　英国新金融监管框架下各机构职责分工

推动银行业改革。2011年9月，英国独立银行业委员会（ICB）发布银行业改革方案报告，提出了改革英国银行业的一揽子政策建议：一是通过在银行内部建立独立的零售银行并主要从事个人和中小企业存贷款业务等方式隔离银行零售业务和批发及投资银行业务，切实切断银行内部风险传递。二是对系统重要性银行和零售银行制定更加严格的监管标准和要求，提高损失吸收能力。三是深化银行结构改革，将市场竞争纳入金融监管范畴，以增强市场活力、提高有效竞争水平。

专栏22　英格兰银行关于宏观审慎政策工具的研究成果

2011年12月，英格兰银行下设的临时FPC发布《宏观审慎政策工具（讨论稿）》，分析系统性金融风险的来源，提出监测指标，形成一整套宏观审慎政策工具。

报告认为，系统性金融风险包括两类：一是金融体系在一定时期内相对其资本和流动性所承受的风险，即“跨时间”或“周期性”风险；二是金融体系的关联性和风险分布等结构特征导致的脆弱性，即“跨部门”或“结构性”风险。同时，金融体系内的各种“放大器”使这些风险更加显现，如错误定价的贷款条款和过度杠杆化、期限错配、关联性、集中度、不透明性和复杂性等。

针对这些风险来源，报告提出了一系列系统性风险监测指标。包括数量型指标，如信贷/GDP偏离度、杠杆率等；价格型指标，如股票、公司债和房地产等资产价格、实际利率水平等；综合性和基于模型的指标，如欧央行开发的“系统风险诊断（SRD）”指标、英格兰银行开发的系统性机构风险评估模型（RAMSI）以及压力测试等。此外，市场和微观监管信息也有助于识别系统性风险。

报告提出了一整套宏观审慎政策工具来应对不同来源的系统性风险（见表8-3）。一是影响金融机构资产负债表的工具，包括最高杠杆率、逆周期资本和流动性缓冲，动态拨备和分红限制。二是影响贷款和其他金融交易条款的工具，包括对贷款价值比或贷款收入比的限制、保证金要求。三是影响市场结构的工具，包括信息披露要求、设计和使用有组织的交易平台以及通过中央交易对手交易等。前两类主要和跨时间风险有关，在性质上更加倾向于逆周期。第三类主要应对跨部门风险，但有少部分工具也能应对顺周期性。

表8－3　宏观审慎政策工具一览表

工具	主要优点	主要缺点
逆周期资本缓冲	能直接影响损失吸收能力，减弱周期波动； 简单易沟通	无法针对特定对象，甚至可能鼓励冒险； 如果风险权重计算不精确则无效
行业资本要求（可变风险权重）	早期能有针对性地解决问题； 比逆周期资本缓冲可提供更有力的激励； 根据风险权重调整信贷流量可在繁荣期抑制贷款并在衰退期鼓励借贷	可能给体系内的其他部分带来风险——“水床”效应①； 确保对资产负债表的一致执行方面存在挑战； 对数据的要求高
最高杠杆率	和基于风险的工具相比，不易产生套利和风险错误衡量	对风险没有惩罚，因此可能鼓励高风险承担
动态拨备	能提早对预期的贷款损失提供保障	与逆周期资本缓冲和基于风险权重的工具有较多重叠
限制分红	有效限制信贷供给恶化的风险，衰退时更有用	“一刀切”的做法对健康银行不公平； 与资本比率相关的分配上限可能导致去杠杆化
动态流动性缓冲	直接影响银行的流动资产和期限错配，提高抗风险能力； 平滑信贷周期	流动性要求方面的国际经验有限； 微观审慎标准仍在开发中
贷款价值比（按揭比例）和贷款收入比	直接限制高风险贷款，提高抵抗房地产风险的能力； 不容易出现外国分支机构的漏损	难以精准地平衡金融稳定收益、经济活力和房屋所有者权益的关系
保证金要求	降低流动性囤积和资产贱卖的风险； 提高融资市场的抗风险能力	容易产生不同国家、市场之间的套利和无担保贷款的漏损； 在增强银行抗风险能力方面，资本要求和流动性要求可以起到相同的作用
中央交易对手方的使用	简化网络关联性和降低风险传染； 风险集中管理； 透明度更高	增加了基础设施的系统重要性； 导致风险规避（如使用不同的工具或将业务转移至海外）
交易场所的设计和使用	有助于防止流动性急剧减少，降低价格极端波动	可能会限制市场参与，降低流动性； 导致风险规避（如将业务转移到海外）
信息披露要求	降低信息传染的可能性；强化市场纪律	流动性风险的披露会影响市场稳定，并可能降低缓冲的作用

资料来源：英格兰银行：《宏观审慎政策工具（讨论稿）》，2011。

① 水床是利用水的浮力原理而设计创造的，“水床”效应是指类似于水床一样“此消彼长”的现象。

（三）欧盟

欧洲系统性风险委员会（ESRB）履行宏观审慎职责。2011年9月，欧洲系统性风险委员会发布《关于欧盟金融体系宏观审慎管理信息提供和采集的决定》，要求欧洲中央银行（ECB）、欧洲银行业监管局（EBA）、欧洲证券和市场监管局、欧洲保险和职业养老金监管局定期向其提供数据，以便其开展系统性风险监测和评估。欧洲系统性风险委员会先后向欧盟、各成员国、三家行业监管机构以及各国监管当局发布建议书，针对外币贷款风险、银行外币融资（特别是美元融资）风险以及各国履行宏观审慎职责等提出应对措施及建议，还要求成员国以法律形式明确一个当局负责宏观审慎管理，并指出中央银行应在宏观审慎政策中发挥主导作用。

开展银行业压力测试。2011年3月起，欧洲银行业监管局、欧洲系统性风险委员会和欧洲中央银行会同各国监管当局开展了第三次银行业压力测试，选取欧盟21个国家的90家银行，采取自下而上的方式，考察在面对主要宏观经济变量如GDP增速、失业率和房地产价格等恶化的负面冲击时，银行的市场风险、主权信用风险以及融资成本变化情况。对于压力情景下核心一级资本充足率低于5%的8家银行，欧洲银行业监管局要求其在2011年底前补充资本，对于核心一级资本充足率在5%～6%之间的16家银行，要求其在2012年4月前补充资本，提高资本充足率。

提升欧洲银行业稳健标准。2011年10月，欧盟峰会通过了重塑欧洲银行业信心的一揽子建议措施，包括制定期限融资计划，确保银行的中期融资需求；改善银行业资本状况，要求银行业核心一级资本充足率在2012年末达到9%，并建立临时资本缓冲，以应对主权债务风险敞口。12月，欧洲银行业监管局发布《关于临时资本缓冲的建立和监管的建议》，明确了可用于建立资本缓冲的相关工具以及目标资本缓冲的计算等内容，并要求各国当局负责监督各银行于2012年6月末建立资本缓冲，以达到9%的核心一级资本充足率标准。

（四）韩国和日本

2011年9月，韩国颁布新的《韩国银行法》，通过扩大中央银行职权及增加可使用的宏观审慎工具，进一步强化了韩国银行的宏观审慎管理职能。一是扩大信息获取范围，强化现场检查权。将韩国银行的信息收集范围扩展至韩国《金融业结构优化法》涵盖的所有金融机构，提高韩国银行与韩国金融监督院联合检查的效率，进一步强化其对金融机构的现场检查权。二是改进紧急流动性支持工具，放宽提供紧急流动性支持条件。对于因融资和资金使用失衡而出现流动性紧张的金融机构，韩国银行都可提供紧急流动性支持。放宽向营利性企业提供信贷支持条件，当其出现或可能出现融资困难时，可向其提供信贷支持。扩大可接受的抵押品范围。将证券拆借纳入公开市场操作工具。对韩国银行清算系统成员发生的清算资金短缺提供短期融资。三是扩充其应对冲击的政策工具，增加中央银行在法定准备金制度方面的自由裁量权等。

2011 年 10 月，日本银行公布《日本银行强化宏观审慎管理的方案》，对日本银行履行宏观管理职能的情况进行了梳理，主要做法包括：按照《日本银行法》赋予的职责，对金融机构进行现场检查，将宏观审慎管理与现场检查、非现场监测相结合。定期发布《金融体系报告》，评估金融体系稳定性。通过发挥最后贷款人职能及时为金融机构提供必要的流动性支持。注重从宏观审慎视角出发制定货币政策，增强货币政策有效性。完善支付结算体系，增强其安全性和有效性。

三、我国宏观审慎管理的最新进展

我国“十二五”规划明确提出要构建逆周期的金融宏观审慎管理制度框架。2011 年，我国在加强宏观审慎管理方面进行了有益的探索，不断加强和改进金融统计和风险监测评估，完善以差别准备金动态调整为核心的逆周期调控机制，研究加强系统重要性金融机构监管，积极构建危机管理和风险处置框架。下一阶段，应在借鉴国际金融危机教训和国际有效做法的基础上，结合中国国情，进一步健全宏观审慎政策框架，建立宏观审慎管理和微观审慎监管协调配合、互为补充的体制机制，提高系统性风险防范能力，提升金融支持经济发展的可持续性。

（一）加强金融统计和系统性风险监测预警体系建设

2011 年，人民银行开始按季度发布社会融资规模，全面反映金融对实体经济资金支持的总量。社会融资规模的统计涵盖了银行、证券、保险等金融机构，涉及到信贷市场、债券市场、股票市场、保险市场以及中间业务市场，更好地衡量了全社会融资状况和流动性水平，反映风险在不同金融机构、不同市场之间的传递。同时，积极推进金融统计标准化建设，统一金融机构、金融工具和金融产品的分类标准与计量方法。继续完善金融稳定监测和评估框架，加强对理财产品、金融控股公司和产融结合型集团的风险监测、评估和预警，防范跨行业、跨市场、跨境金融风险。建立对民间借贷以及小额贷款公司、典当行、担保公司等开展融资服务的非金融机构的风险监测制度。综合运用压力测试、模型分析等分析工具，考察金融机构对各类风险的承受能力以及系统性风险在金融机构间的传播方式和特点，提高监测的科学性、系统性和前瞻性。银监会高度重视产业结构、行业政策、资产价格变化等系统性风险因素，积极构建银行业审慎监管体系，持续加强对系统性风险的预警和提示。

下一阶段，加快建立覆盖全面、标准统一、信息共享的金融业综合统计体系，构建银行、证券、保险及境内外业务相互协调的统计体系，不断扩大统计覆盖范围，继续推进金融统计标准化建设。进一步完善系统性风险监测预警框架，强化对金融体系内部联系、宏观经济与金融体系的联系以及经济金融跨国关联性的监测分析，提高系统性金融风险监测预警的量化分析能力和水平。做好重点领域和环节的风险监测，敏锐发现、及时报告、妥善化解各类风险隐患。

专栏23　金融网络稳定状况分析

准确监测各维度上系统性风险的状况，全面分析宏观审慎政策工具的作用效果是宏观审慎政策的基础。依照金融网络模型[①]的思路，利用2007年至2011年银行间的支付结算数据，可以对整个金融网络的稳定状况和结构特征开展进一步的动态描述与跟踪。

从2007年5月至2011年12月期间我国主要的金融网络稳定性指标总体情况看，2011年度的广度（B）、深度（D）与强度（I）指标[②]表现出了震荡走低的走势特点，波动的平均幅度也有所增加。与历史走势相比，稳定性指标在个别时段出现了不同幅度的上升，如3月和7月（见图8－2）。

选取2011年6月这一时间截面，对大型商业银行[③]、政策性银行[④]、股份制商业银行及各外资银行等构成的支付网络结构特点及其变化进行跟踪分析。结果显示：

---

① 参见《中国金融稳定报告（2010）》专栏19中对基于支付结算信息的金融网络模型的说明。

② 广度（B）、深度（D）与强度（I）指标的定义分别表示受波及的机构数量占比、冲击的波及轮数以及影响的资金占比。这些网络稳定指标数值越大，则表示网络受外部冲击的影响程度越大，反之则相反。

③ 本专栏中，大型商业银行指中国工商银行、中国农业银行、中国银行和中国建设银行4家，交通银行归为股份制商业银行分类。

④ 本专栏中，政策性银行包括国家开发银行、中国进出口银行、中国农业发展银行3家。

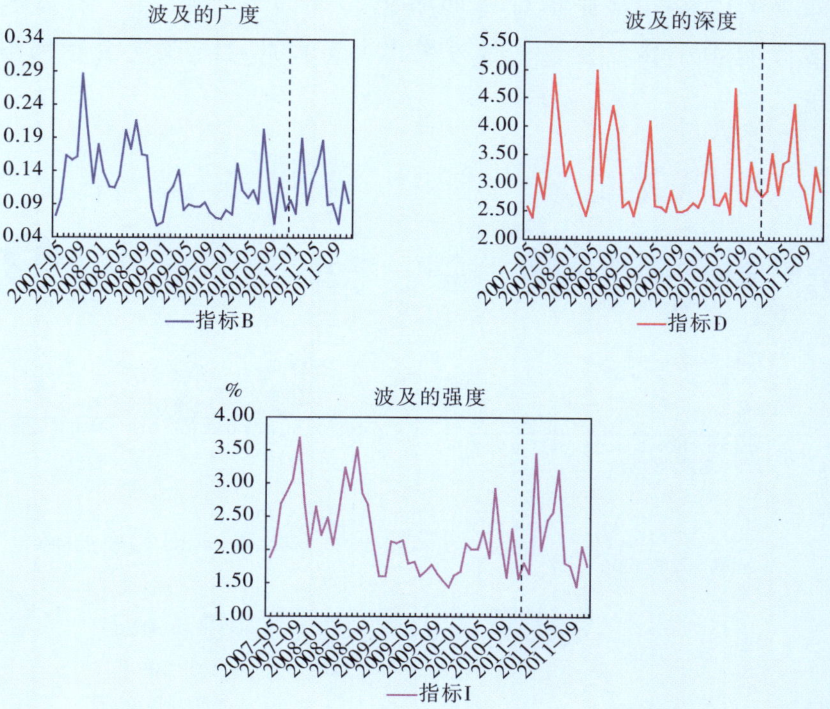

数据来源：中国人民银行。

图8-2　2007—2011年金融网络稳定性指标

当大型商业银行分别发出流动性冲击时，平均约36家银行将受到不同程度的影响，波及将平均延续5轮，其涉及资金占比平均超过14%。若大型银行整体作为问题集合，则波及将延续6轮，而且绝大多数机构都将受到影响。对比2010年6月的情况，大型银行的网络影响力依然较强。

当政策性银行发出流动性冲击时，平均波及机构的数量为24家，而波及的轮数最高可达到9轮，影响的平均资金比例也提升为4%。受影响机构除外资银行外，也包含了部分股份制商业银行及城市商业银行。总体上看，政策性银行在网络中的影响范围和整体影响力均表现出了明显的提高。

当股份制银行分别发出流动性冲击时，平均波及机构数量为17家，平均延续4轮，影响的资金比率为4%。表明股份制商业整体网络影响力与2010年6月相比有所增加，但依然不及大型商业银行。

外资银行在网络中的作用变化不大。单个的外资银行分别发出流动性冲击时，平均影响机构数量为8家，波及的延续轮数将近3轮，影响的交易量接近1%，表明外资银行在网络中影响力依然较弱。但实证跟踪发现，外资银行由于其数量多、行为变化大，因此也是改变金融网络结构的主要因素。

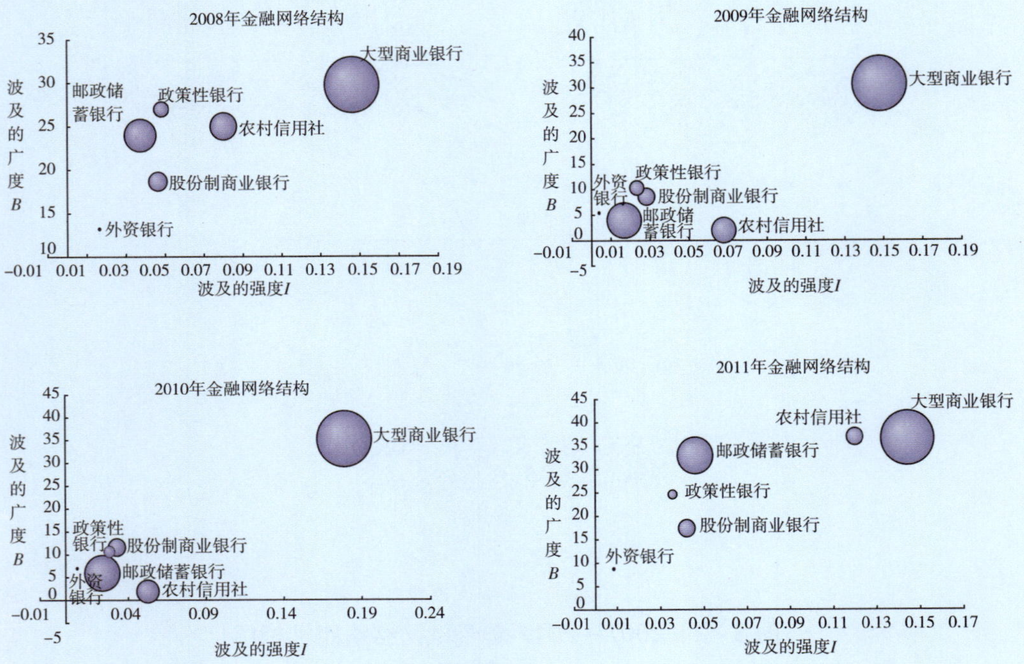

数据来源：中国人民银行。

图8－3　2008—2011年金融网络结构情况对比①

（二）建立逆周期的宏观调控机制

2011年，人民银行进一步完善差别准备金动态调整制度，将货币信贷和流动性管理的总量调节与宏观审慎理念有机结合，将信贷投放与宏观审慎所要求的资本水平相联系，考虑各金融机构的系统重要性和稳健性状况，以及所处经济周期的景气程度，引导和激励金融机构自我保持稳健和逆周期调节信贷投放。差别准备金动态调整措施与利率、公开市场操作、存款准备金率等传统货币政策工具相配合，取得了明显的实施效果，有力地促进了货币信贷平稳增长，引导货币信贷及时回归常态，同时提升了金融机构的稳健性，银行资本充足率整体保持在较高水平。2011年第四季度适当调整有关参数，差别准备金

---

① 图为2008—2011年主要网络节点网络稳定性指标情况，图中球体面积代表不同类别机构平均头寸规模。

动态调整措施在政策预调微调中发挥了积极作用。银监会不断完善监管政策工具，引入动态拨备制度和杠杆率指标。

下一阶段，继续发挥好差别准备金动态调整措施的逆周期调节功能，不断完善并适时调整有关政策参数，引导货币信贷适度增长，提升金融机构抗风险能力。丰富和完善其他政策工具和手段，研究建立符合我国银行体系特点的逆周期资本缓冲机制和前瞻性拨备安排，健全对流动性、杠杆率的指标管理体系，加强各类工具之间的相互协调和有机配合，增强政策实施的灵活性。

（三）研究提出加强我国系统重要性金融机构监管的政策措施

近年来，我国的一些大型商业银行和非银行金融机构的规模日益增大、组织结构和业务类型复杂、市场关联度不断提高，具备了系统重要性金融机构的特点。为有效防范其潜在风险，2011 年，人民银行会同相关部门在深度参与国际组织关于系统重要性金融机构政策措施制定工作的基础上，结合国内实际，深入研究防范和降低我国系统重要性金融机构风险的政策措施。一是研究我国系统重要性金融机构评估方法。按照提高系统重要性金融机构的抗风险能力、降低道德风险、防范风险外溢和传染效应、维护金融体系整体稳定的总体原则，将定量指标和定性判断相结合，既考虑规模、关联性、可替代性、复杂性等指标，也充分考虑金融机构的风险状况、对金融机构进行风险处置可能造成的影响程度等因素。二是研究加强对我国系统重要性金融机构的宏观审慎管理。运用动态差别准备金、逆周期资本缓冲、附加资本要求等工具，强化对系统重要性金融机构政策要求，研究建立我国系统重要性金融机构的风险处置机制和清算安排。

根据温家宝总理在全国金融工作会议上提出的“加强对系统重要性金融机构和金融业综合经营的监管，研究提出我国系统重要性金融机构认定标准和评估框架，对系统重要性金融机构设定更为严格的监管标准，强化外部约束”要求，下一阶段，应加快推出金融控股公司监管规则，明确金融控股公司监管主体，强化资本充足监管、规范关联交易。对于管理资产（或所投资企业合并资产）超过一定规模，或同时投资金融业和实业的私募股权投资基金，应将其纳入监管范围。此外，应建立层级清晰、责任明确的风险处置和清算安排，强化机构、股东和债权人责任，实现系统重要性金融机构的有序处置。

（四）建立健全危机管理和系统性风险处置框架

近年来，我国不断加强危机管理和系统性风险处置机制建设，积极构建系统性风险防范的长效机制。强化中央银行最后贷款人职能，通过发放地方政府向中央专项借款、紧急贷款和风险处置再贷款等，妥善化解高风险金融机构的风险，充分发挥了中央银行维护金融稳定的重要作用。在借鉴国际金融危机中各国风险处置经验基础上，推进建立存款保险制度，积极推动建立市场化的退出机制，先后多次完善存款保险制度设计方案，目前我国推出存款保险制度的时机已经基本成熟。结合国际组织处置机制的最新进展，系统梳理我国金融机构处置机制的现状和问题，研究完善我国系统性风险处置框架的具体措施。

下一阶段，进一步完善中央银行最后贷款人职能，明确功能定位，丰富相关政策工具和手段，降低风险处置成本、防范道德风险。确保中央银行资产负债表的健康性和灵活性，授予中央银行在非常时期的相机抉择权，必要时可扩大风险救助范围，创新风险处置工具等。健全系统性风险处置框架，按照全国金融工作会议要求，尽快推出功能完善、权责统一、运行有效的存款保险制度。完善金融风险处置中的成本分担机制，加强部门之间和政策工具之间的协调配合。

专栏 24　金融稳定理事会开展存款保险同行评估

2009 年 6 月，巴塞尔银行监管委员会和国际存款保险协会（IADI）联合发布《有效存款保险制度核心原则》（以下简称《核心原则》），从制度目标、职责和权力、治理结构、跨境合作、保险范围、资金来源、倒闭处置、赔付与追偿等 10 个方面提出了有效存款保险制度应当遵守的 18 条核心原则。2010 年 12 月，巴塞尔委员会和国际存款保险协会正式发布《核心原则》合规性的评估方法，IMF 和世界银行也已计划将《核心原则》纳入“标准与准则遵守情况报告”（ROSCs）的评估范围。为评估《核心原则》在相关国家（地区）的落实情况，2011 年 4 月，金融稳定理事会启动存款保险制度同行评估，并于 2012 年初发布评估报告。报告的主要结论如下：

绝大多数金融稳定理事会成员国（地区）都建立了统一的存款保险制度。金融稳定理事会的 24 个成员国（地区）中，只有南非、沙特阿拉伯和中国还没有建立存款保险制度，其中南非已计划在 2012 年建立由中央银行负责运作的存款保险制度。已经建立存款保险制度的 21 个成员国（地区）中，大多数采取统一体制，只有个别国家对不同类型的存款类金融机构分别建立了几套制度体系。评估认为，分割运作的存款保险制度存在业务交叉、机构复杂、潜在竞争等缺陷，如果对其进行整合将有助于提高金融安全网的整体效率。

金融稳定理事会成员国（地区）的存款保险职能有拓展趋势。成员国（地区）存款保险制度分为四种类型：一是纯粹的“付款箱”型，仅负责对受保存款进行赔付；二是“强付款箱”型，除负责对受保存款赔付外，还适度参与风险处置，包括向高风险银行提供流动性支持，为银行重组提供融资等；三是“损失最小化”型，存款保险机构积极参与处置决策，并可运用多种风险处置工具和机制，实现处置成本最小化；四是“风险最小化”型，存款保险机构具有广泛的风险控制职能，既有完善的风险处置职能，又有一定的审慎监管权。金融稳定理事会成员国（地区）中，美国、日本等大型经济体存款保险制度主要采取“损失最小化”型和“风险最小化”型，新加坡、荷兰等中小型经济体或者长期未发生大规模金融风险的国家主要采取“付款箱”型和“强付款箱”型。国际金融危机后，金融稳定理事会成员国（地区）存款保险制度的职能有进一步拓展的趋势。部分成员国（地区）在危机后拓展存款保险制度功能时，更加强化存款保险制度在金融机构处置机制中的作用。报告预计，未来各国（地区）存款保险体系的职能还会继续得到扩充。

设立事前存款保险基金，实行风险差别费率是主流做法。评估显示，大多数成员国（地区）都通过事前收集保费的做法来筹集资金。金融稳定理事会认为，银行业总资产规模大、市场集中度高的经济体更有必要设立事前收取保费的存款保险基金，还应特别注意后备融资安排建设。在实行事前收取保费的成员国（地区）中，超过一半采取基于风险的差别费率机制，这一机制的优点在于有助于减轻道德风险，但也存在一定的顺周期问题，应通过制度设计予以避免。

评估报告最后指出，总体上各国（地区）的制度安排与《核心原则》的精神保持一致，但仍需加强制度评估，并参考《核心原则》不断完善。尚未建立存款保险制度的国家（地区）应尽快引入这项制度。

专题一

银行业压力测试

一、压力测试基本情况

2011 年底，为建立健全系统性金融风险防范和预警体系，识别和评估金融体系的潜在风险，人民银行成立了金融稳定压力测试小组（以下简称人行压力测试小组），组织商业银行开展金融稳定压力测试。此次测试主要针对商业银行信用风险，包含“整体及重点领域信用风险敏感性压力测试”（以下简称敏感性压力测试）和“宏观经济情景压力测试”（以下简称情景压力测试）。此次测试基于 2011 年底 17 家商业银行的资产负债表数据，考察 2012 年商业银行在不利冲击下的稳健性状况。

测试范围。此次测试涵盖大型商业银行和股份制商业银行共 17 家。大型商业银行包括中国工商银行、中国农业银行、中国银行、中国建设银行和交通银行；股份制商业银行包括招商银行、浦发银行、中信银行、兴业银行、中国民生银行、中国光大银行、华夏银行、广东发展银行、深圳发展银行、恒丰银行、浙商银行和渤海银行。截至 2011 年末，17 家商业银行资产总额约占银行业金融机构总资产的 65%，具有较强的代表性。

测试方式和方法。敏感性压力测试和情景压力测试均以外部测试和内部测试两种方式开展。外部测试以 17 家商业银行为考察对象，由各商业银行根据给定口径提交数据，人行压力测试小组汇总后实施；内部测试主要考察单家商业银行或不同组别商业银行的风险状况，各商业银行自行开展测试并由人行压力测试小组对结果进行汇总和分析。敏感性压力测试直接考察敞口质量恶化的影响；情景压力测试应用计量模型测算银行体系的整体不良贷款率和资本充足率在宏观经济下行时的变化情况。

压力情景①。针对当前我国银行体系的信贷结构特征，结合国内外经济金融形势，敏感性压力测试除整体信用风险外，还分别对客户集中度、地方政府融资平台贷款、产能过剩行业贷款、公路行业贷款、出口行业贷款、受石油价格影响较大行业贷款、理财产品、欧盟资产业务敞口和房地产贷款等共计 9 个重点领域信用风险进行了评估，以进一步掌握商业银行在重点领域的潜在风险，提高风险监测的广度和深度。情景压力测试的压力指标选择 GDP 增长率、M_2 增长率和 CPI 涨幅等 3 个基本表征宏观经济整体状况的指标，压力指标的冲击程度则综合参考有关经济金融专家的意见进行设定。敏感性压力测试和情景压力测试的压力情景如下（见表 1）。

① 需要特别指出的是，压力情景根据外部经济专家问卷调查结果设定，不代表人民银行对宏观经济的判断。

表1　金融稳定压力测试情景设计

测试类型	测试对象	压力情景
敏感性压力测试	整体信贷资产	• 轻度冲击为不良贷款率上升100%① • 中度冲击为不良贷款率上升250% • 重度冲击为不良贷款率上升400%
	客户集中度	• 轻度冲击为前1家最大集团（法人）客户违约 • 中度冲击为前2家最大集团（法人）客户违约 • 重度冲击为前3家最大集团（法人）客户违约
	地方政府融资平台贷款	• 轻度冲击为不良贷款率增加5个百分点② • 中度冲击为不良贷款率增加10个百分点 • 重度冲击为不良贷款率增加15个百分点
	产能过剩行业贷款	
	公路行业贷款	
	出口行业贷款	
	受石油价格影响较大行业贷款	
	表外理财产品敞口③	• 轻度冲击为表外理财产品余额损失10% • 中度冲击为表外理财产品余额损失20% • 重度冲击为表外理财产品余额损失30%
	欧盟资产业务敞口④	• 轻度冲击为欧盟资产业务敞口损失20% • 中度冲击为欧盟资产业务敞口损失30% • 重度冲击为欧盟资产业务敞口损失40%
	房地产贷款	• 轻度冲击为个人住房贷款、房地产开发贷款（含土地储备贷款）不良率分别增加3个百分点和5个百分点 • 中度冲击为个人住房贷款、房地产开发贷款（含土地储备贷款）不良率分别增加4.5个百分点和10个百分点 • 重度冲击为个人住房贷款、房地产开发贷款（含土地储备贷款）不良率分别增加7.5个百分点和15个百分点
情景压力测试	整体信贷资产	• 轻度冲击为GDP增长率下降至8% • 中度冲击为GDP增长率下降至6% • 重度冲击为GDP增长率下降至4% （M_2增长率和CPI涨幅根据专家意见综合设定）

注：①假设初始不良贷款率为X%，则上升n%后不良贷款率为X%（1+n%）。

②假设初始不良贷款率为X%，则增加n个百分点后不良贷款率为（X+n)%。

③根据理财产品的投资范围划分，此次压力测试对象为信贷类的理财产品，不包括债券类、存款类、资本市场类信托以及境外代客理财等其他类型的理财产品。

④欧盟资产业务敞口为商业银行（含境外分行）所持有的欧盟国家债券和企业贷款、表内贸易融资、债券、同业融资、衍生业务风险敞口。

二、压力测试总体结论

银行体系抗冲击能力较强。敏感性和情景压力测试结果均表明，我国商业银行资产质量和资本充足水平较高，以 17 家商业银行为代表的银行体系对宏观经济冲击的缓释能力较强，总体运行稳健。

敏感性压力测试显示，在整体不良贷款率上升 400% 的重度冲击下，银行体系的资本充足率将从 12.33% 下降至 10.89%（见图 1）。其中，大型商业银行下降 1.63 个百分点，股份制商业银行下降 0.92 个百分点。对于 9 个重点领域信用风险敞口，在轻度、中度和重度冲击下，银行体系的整体资本充足率均保持在较高水平，即使在重度冲击下，资本充足率也不低于 11.15%（见图 2）。

情景压力测试显示，在轻度、中度和重度冲击下，银行体系的整体资本充足率将分别下降 0.42 个、0.86 个和 1.68 个百分点。其中，中度和重度冲击对银行体系的影响较大，但冲击后的资本充足率仍较高，显示我国银行体系对宏观经济冲击的缓释能力较强，总体运行比较稳健。在初始状态，17 家商业银行中资本充足率高于 11.5% 的有 11 家，而在轻度、中度和重度冲击下，分别减少为 8 家、5 家和 3 家（见图 3）。

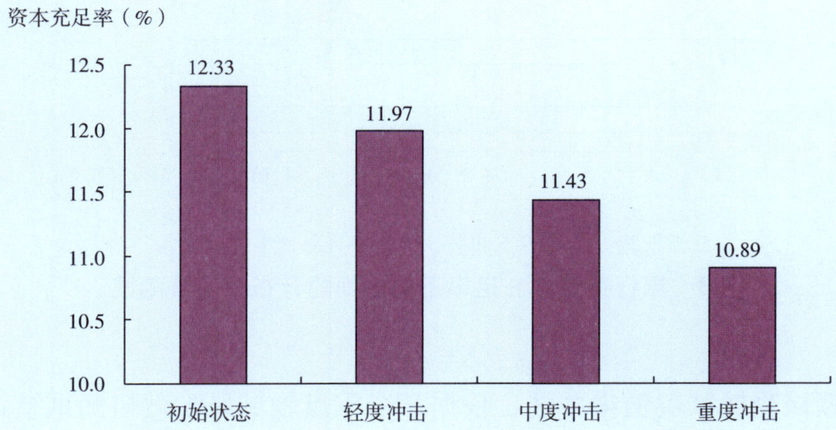

数据来源：17 家商业银行，人行压力测试小组的计算。

图 1　整体信贷资产敏感性测试总体情况

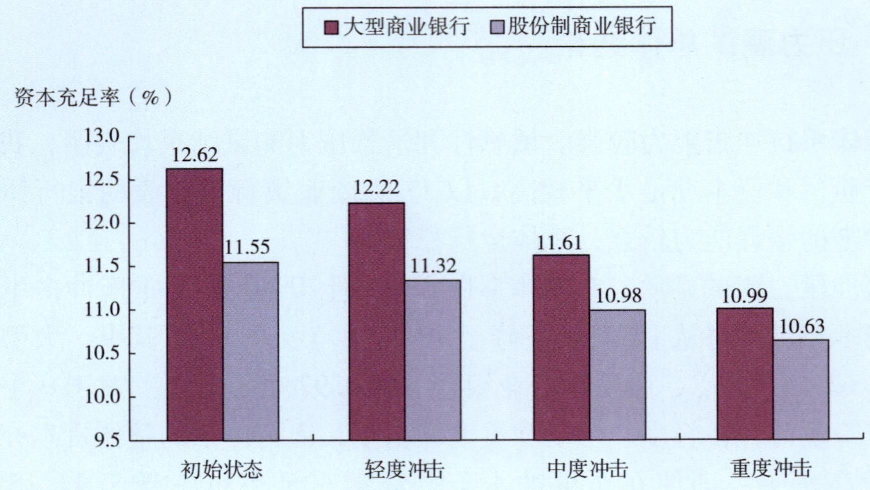

数据来源：17 家商业银行，人行压力测试小组的计算。

图2　整体信贷资产敏感性测试分组情况

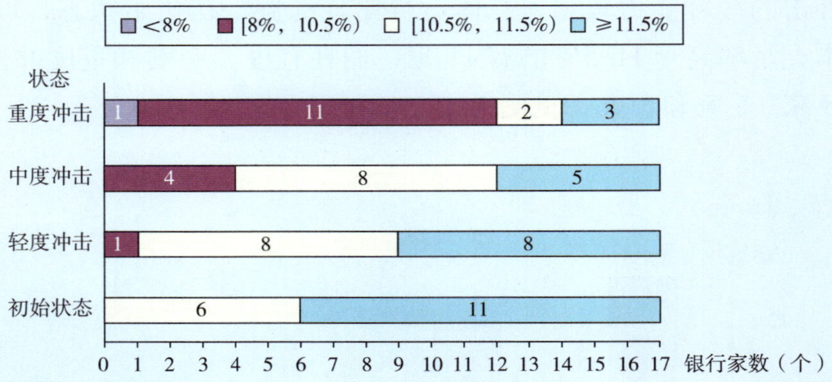

数据来源：17 家商业银行，人行压力测试小组的计算。

图3　银行在资本充足率不同区间的分布：情景测试

部分领域稳健状况值得关注。根据9个重点领域风险敞口测试结果，房地产、地方融资平台、银行表外理财等领域风险和客户集中度风险应当引起关注（见图4）。从测试结果的机构分布来看，由于资本充足水平、风险敞口大小及资产质量的不同，各商业银行的抗风险能力存在一定差异。

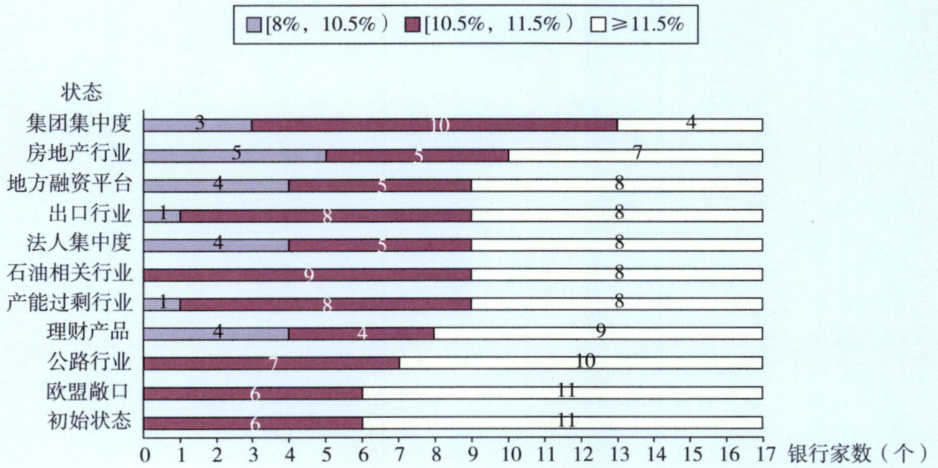

数据来源：17家商业银行，人行压力测试小组的计算。

图4　银行在资本充足率不同区间的分布：敏感性测试（重度冲击）

专题二

中国首次金融部门评估规划圆满完成

金融部门评估规划（Financial Sector Assessment Program，FSAP）由国际货币基金组织和世界银行（以下简称基金组织和世行）于1999年5月联合推出，旨在加强对基金组织成员经济体金融脆弱性的评估与监测，减少金融危机发生的可能性，同时推动金融改革和发展。经过逐步发展和完善，目前FSAP已成为国际广泛接受的金融稳定评估框架。

2008年2月，温家宝总理在会见基金组织时任总裁时宣布中国将参加FSAP评估；同年11月，在G20华盛顿峰会上，胡锦涛主席与各国领导人一致承诺接受FSAP评估。为落实承诺，从国际视角审视中国金融体系稳健性，2009年8月，我国正式接受基金组织和世行进行中国首次FSAP评估[①]。两年多来，相关部门按照工作部署，积极配合，圆满完成评估工作。

一、中国 FSAP 评估概况

为做好FSAP评估工作，人民银行会同外交部、发展改革委、财政部、人力资源和社会保障部、商务部、统计局、法制办、银监会、证监会、保监会、外汇局等部门建立了相应工作机制和工作原则，成立FSAP部际领导小组和部际工作小组，积极推进我国FSAP评估工作。

积极做好初期准备。FSAP评估工作启动后，人民银行会同FSAP部际工作小组成员单位积极开展各项准备工作，以提升评估效果。一是组织协调基金组织和世行中国FSAP技术访问团来华，就拟评估内容进行磋商，并针对FSAP问卷、数据和信息需求答复（以下简称FSAP问卷）进行培训。二是与基金组织和世行中国FSAP先遣团签订《中国FSAP评估范围备忘录》，作为我国开展FSAP评估的工作指引。三是高质高效地完成FSAP问卷答复工作，为开展FSAP评估提供翔实的数据和信息支持。四是研究制定中国FSAP压力测试实施方案，对17家主要商业银行开展全面压力测试，对银行体系的抗风险能力和稳健性进行定量分析。

深入开展现场评估。为全面了解中国金融体系，2010年以来，由基金组织和世行的官员以及来自其他国家财政、中央银行、银行、证券、保险等部门和领域的专家组成的中国FSAP评估团（以下简称评估团）两次来华开展现场评估，评估团部分成员来华进行专项评估和后续磋商，先后与国务院相关部门、部分地方政府、大型金融机构、中介机构等举行400余场会谈，就中国宏

① 对发展中国家和新兴经济体的FSAP评估由基金组织和世行联合开展，对发达国家的FSAP评估由基金组织独立进行。根据基金组织的要求，中国作为具有系统重要性的国家之一，今后将每五年开展一次FSAP更新评估。

观金融风险和金融体系脆弱性、金融监管环境、系统流动性和金融稳定、金融市场基础设施建设、金融发展和金融服务可获得性、应急预案和危机管理安排等六方面内容展开深入交流和详细评估。现场评估会谈使评估团对我国金融体系有了更加深入、客观的认识和理解，为系统评估中国金融体系稳定状况打下了良好基础。

顺利公布评估报告。在FSAP问卷答复材料和现场评估的基础上，评估团撰写了一系列评估报告，主要包括《中国金融体系稳定评估报告》、《中国金融部门评估报告》[①]、《关于中国执行金融领域国际标准与准则情况的详细评估报告》（以下简称《国际标准与准则执行报告》）以及一系列技术文本和背景文本。人民银行会同相关部门与评估团就上述报告进行了反复沟通和磋商，促使评估团修改报告中的错误判断，对中国金融体系作出客观评价。《中国金融体系稳定评估报告》、《中国金融部门评估报告》和《国际标准与准则执行报告》已在基金组织和世行的网站上公布，展示了近年来中国金融改革发展取得的成就和金融体系总体稳健的形象，加深了世界对中国金融部门的了解。

二、中国FSAP评估结论积极正面

总体来看，FSAP评估报告从国际视角客观评价了中国金融体系，充分肯定了近年来中国金融改革和发展的巨大成就，对潜在风险及其对宏观金融稳定的影响进行了系统分析，并提出了有益建议，对中国提升金融体系稳健性具有一定参考价值。

（一）中国金融改革取得显著成就，金融体系整体稳定

报告认为，中国金融体系近年来在商业化转型、增强财务稳健性等方面取得显著进展，这得益于中国政府推出的多项重大金融改革及中央银行和监管部门的有效监管。中国金融体系整体稳定，金融改革进展良好，金融机构实力不断增强，金融服务和产品日益多样化，有力地支持了经济发展。与此同时，中国金融体系尚存在融资结构不均衡、商业化程度不充分、金融产品和服务覆盖面不够广、养老金体系不完善、金融基础设施有待改善等问题。

短期看，中国金融体系面临四方面风险：一是信贷迅速扩张对银行资产质量的影响；二是表外风险敞口上升和银行部门之外贷款的增加；三是房地产价

① 《中国金融体系稳定评估报告》和《中国金融部门评估报告》是广泛涵盖中国FSAP主要评估结论的总体报告。《中国金融体系稳定评估报告》由基金组织撰写，侧重于金融稳定分析；《中国金融部门评估报告》由世行撰写，侧重于金融发展分析。

格水平相对较高；四是经济增长模式导致的失衡加剧。

对 17 家主要商业银行的压力测试表明，受益于股份制改革，我国银行内控体系不断完善、资产质量不断提高、资本普遍比较充足、流动性状况良好、对各类风险敞口的管理比较审慎，银行体系对各类风险冲击的缓释能力较强，总体运行稳健。

（二）中国金融监管高度符合国际标准与准则

《国际标准与准则执行报告》报告共五份，分别对中国银行业、证券业、保险业、支付系统和证券结算系统执行相关国际标准与准则情况进行了全面评述，并提出了改革建议。报告认为中国金融监管高度符合国际标准与准则，但需进一步改进，同时指出我国银行业、证券业和保险业监管机构的监管资源仍然不足，应当充实监管资源，确保监管的有效性。

在银行业执行《有效银行监管核心原则》方面，监管部门在完善监管框架和强化审慎监管方面取得显著进展，银行业风险计量和管理能力有所增强。但仍应加大监管规章和指引的落实和执行力度，强化风险意识，提高风险管理能力，以应对开放和创新带来的挑战。

在证券业执行《证券监管目标与原则》方面，监管部门积极主动实施证券市场监管，在基础制度建设方面取得明显进展，推动了市场健康发展。但需进一步强化市场纪律，统一监管规则，加大打击市场操纵和非法投资行为的力度。

在保险业执行《保险核心原则与方法》方面，监管部门制定了全面的监管框架，在信息披露与消费者保护、保险公司风险管理体系等方面成绩显著。但需进一步加强偿付能力监管，限制偿付能力不足的公司推出新产品。

在支付系统执行《重要支付系统核心原则》方面，近年来，人民银行对中国现代化支付系统进行了重大改革，为市场参与者提供了快速、高效、安全、可靠的支付结算服务，但在法律基础、风险管理及系统管理等方面仍需改进。

在证券结算系统执行《证券结算系统建议》和《中央对手方建议》方面，过去二十年，中国证券市场交易量稳步增长，证券结算系统发挥了重要作用，但在结算风险管理、治理和透明度、监督和管理、跨境业务风险管理等方面仍需进一步改善。

（三）继续推进金融改革，维护金融稳定

报告建议，为进一步促进中国金融体系健康稳定发展，有效应对金融风

险，应继续推进金融改革。

加快金融体系市场化进程。改善系统流动性管理，采取措施吸收过剩的流动性。建立自由、灵活的外汇市场。更多地使用市场化货币政策工具，优先选择利率工具来管理信贷扩张。明确区分政策性金融机构和商业性金融机构的作用，不再利用商业银行体系来实现政策目标，代之以直接的财政支出和补贴、政策性银行贷款和政府资助的开发性信贷项目。此外，还应促进资产管理公司的商业化转型。

完善金融稳定和危机管理框架。在监管协调机制方面，此次国际金融危机表明，分业监管模式缺乏对系统性风险的宏观审慎管理，中国应借鉴国际经验，完善金融稳定框架和机制。在系统性风险监测与防范方面，应从系统关联性角度，加强对系统重要性金融机构的监管，明确金融控股公司的监管职责，开发早期预警系统。在危机管理方面，尽快建立存款保险制度，增加处置工具，从而使“有序关闭”问题机构成为可行的政策选择。

继续加强金融监管。中国金融监管框架与国际标准高度一致，但为适应金融创新和发展的需要，应继续提高监管效率和反应能力。应扩大监管范围，强化系统性监督，明确影子银行体系的监管政策，制定金融控股公司监管框架。中央银行和监管部门应高度协调，建立机制化的信息共享安排。银行业方面，应进一步推进银行的商业化改革，提升其风险管理能力，改变对抵押品的强烈依赖，建立具有前瞻性的信用风险评估方法。证券业方面，应进一步完善法律和制度框架；降低处置问题机构的行动门槛，及时进行早期干预；加强对证券交易所的监控，定期对其进行全面现场检查。保险业方面，需进一步强化偿付能力监管，完善市场退出机制，加强非现场监测，逐步减少对保险公司产品、分配和投资策略的直接干预。

加强金融基础设施和完善法律框架。进一步完善支付和证券结算系统，赋予相关规定更高的法律效力，充分保障支付、衍生品和证券结算的最终性。提高征信系统的覆盖范围和质量。加强金融法律法规建设，改进破产程序的法律框架，完善金融机构退出机制。提高会计和信息披露要求，加强金融教育，提高金融消费者承担风险的意识。进一步完善反洗钱和反恐融资相关法律，对非金融业务和行业采取相应防范措施。

拓宽金融市场和服务。进一步推动固定收益市场发展，包括实施更为积极的政府债券发行策略，发展多样化的国内投资者基础，适度增加不同类型金融工具，提升市场之间的互联互通。在多支柱养老金体系的基础上，不断完善养老金长期投资策略，使投资范围逐步涵盖股票和长期债券。建立个人养老金计划，通过个人所得税激励或政府对低收入者的配套资金支持，使部分预防性储蓄资金转为养老储蓄。推进普惠金融发展，改善融资可获得性，扩大金融服务覆盖范围。

报告指出，进一步推进金融改革对中国的可持续发展至关重要，应合理规划改革次序，在风险最小化的同时，促进金融体系健康发展并维护金融稳定。

总体来看，中国 FSAP 作为国际组织首次对中国金融体系开展的全面、系统评估，帮助中国金融管理部门对金融体系和制度框架进行了全面梳理，提出了许多有益的建议，有利于促进中国金融改革和发展。

专题三

积极稳妥推进金融业综合经营试点

2006年3月，我国“十一五”规划明确提出“稳步推进金融业综合经营试点”。六年来，在党中央、国务院的正确领导下，我国金融业综合经营试点成效初现，金融机构业务结构和盈利模式得到改善。经过国际金融危机考验，综合经营仍然是国际金融业发展的主流趋势。2011年3月，“十二五”规划再次明确提出“积极稳妥推进金融业综合经营试点”。当前，需要认真总结和反思国内外经验教训，结合我国金融业发展的具体情况和现实问题，进一步明确政策导向，切实加强监管，有效防范系统性风险，积极稳妥推进综合经营试点工作。

一、金融业综合经营的国际实践

目前，世界主要国家和地区均开展金融业综合经营，主要有金融机构跨行业投资、金融控股公司实行“子公司分业，集团综合经营”、金融机构开展综合性金融业务等模式，相应的金融监管体制也有所区别。

美国。20世纪30年代，美国经济大萧条直接导致了《格拉斯—斯蒂格尔法》的出台，确立了银行业与证券业分业经营制度。20世纪80年代以来，美国面临来自英国、德国和日本等国金融机构的巨大竞争压力。为提升本国金融机构的竞争力，美国于1999年颁布《金融服务现代化法案》，允许管理和资本状况良好的银行控股公司以及符合条件的外国银行，以“金融控股公司”的形式涉足广泛的金融领域。除控股储蓄类机构外，金融控股公司还可以从事证券包销和交易、保险代理、期货经纪以及经美联储认可的与主业密切相关的非金融业务。截至2011年末，美国共有494家金融控股公司，包括花旗、美国银行、摩根斯坦利、高盛、摩根大通、纽约梅隆银行等几乎所有的大型集团。在监管方面，美国实行牵头监管与功能监管相结合的伞形监管制度，由美联储对金融控股公司进行整体监管，子公司按照业务种类接受相应的功能监管。2010年7月，美国颁布《多德—弗兰克华尔街改革与消费者保护法案》，进一步强化了美联储对包括金融控股公司在内的所有系统重要性金融机构的监管权。

英国。英国没有严格的金融业分业经营与综合经营的限制，在金融业发展过程中，金融机构根据自身的发展战略和资源条件，自发形成了银行业与证券业的分离。从1978年开始，英国的国际收支状况日益恶化，随着资本国际化、金融证券化的发展，分业经营体制与经济发展的要求越来越不适应。为挽救日益衰退的金融业，1986年英国实施了“大爆炸”改革，商业银行纷纷收购和兼并证券经纪商等金融机构，构建起多元化金融集团，提供包括银行、证券、保险、信托业务在内的综合金融服务。典型代表包括劳埃德、巴克莱、汇丰、渣打等跨国银行集团。在监管方面，1998 年的《英格兰银行法》将英格兰银行的监管权转移给英国金融服务局（FSA）。吸取此次国际金融危机的教训，2010 年 6 月，英国新政府提出撤销金融服务局，在英格兰银行下设审慎监管局，由英格兰银行统一负责微观审慎监管和宏观审慎管理。

德国。以德国为代表的欧洲大陆国家大都实行全能银行制度，即银行自身可以直接从事全功能金融服务，不需要因业务性质不同特别设立子公司。德国《银行法》规定，银行可以从事存款、贷款、转账结算、票据贴现、投资基金、证券承销、证券自营和经纪、资产管理、信托等业务。20 世纪 80 年代末，德国的全能银行又通过人寿保险业务与传统银行业务的结合，进一步扩大了服务范围。近年来，德国的一些大型全能银行也倾向于通过设立子公司来经营部分金融业务，呈现出金融控股公司的特点。在监管方面，2002 年 5 月，德国通过《统一金融服务监管法》，将银行业、证券业、保险业监管机构合并组成联邦金融监管局（BAFin），并与作为中央银行的德意志联邦银行保持密切合作。

日本。第二次世界大战之后，日本模仿美国《格拉斯—斯蒂格尔法》，采取银行与证券分离、长短期金融分离、银行与信托分离以及外汇专业银行的专业分工金融制度。20 世纪 80 年代英国金融“大爆炸”改革对日本触动很大，加上受到美国修正分业经营制度的影响，日本金融业开始向综合经营转变。1992 年，日本允许金融机构通过子公司开展银行、证券和保险业务，1997 年，允许设立金融控股公司，1998 年，允许金融机构跨行业经营各类金融业务。综合经营制度确立后，金融机构之间出现了大规模的联合重组，形成了瑞穗、三井住友、联合金融、三菱东京等具有国际竞争力的金融集团。在监管方面，2000 年，日本成立金融服务厅，统一监管各金融机构和金融市场，同时加强与日本中央银行的监管合作。

中国台湾。从 20 世纪 80 年代开始，为追求金融自由化、现代化和国际化，中国台湾逐渐放松金融管制。2000 年，台湾地区大幅修正“银行法”，扩大银行综合经营的范围，允许商业银行投资其他金融行业。2001 年，为缓解加入世界贸易组织后的国际竞争压力，中国台湾借鉴美国和日本的经验，通过了以“金融控股公司法”为代表的一系列金融法律，鼓励金融机构通过股权转移或股份转换等方式设立金融控股公司，朝股权集中化、规模大型化、业务综合化发展。目前，中国台湾共有国泰、富邦、兆丰等 15 家金融控股公司。中国台湾“金融控股公司法”规定，金融控股公司仅限于股权投资和管理，自身不开展具体的金融业务，投资范围包括银行业、信托业、证券业、期货业、保险业等，也可投资非金融业务，但金融控股公司投资非金融业务总额不得超过其资本额的15%，且对每项非金融业务的持股比例不得超过被投资公司资本额的5%。之后，中国台湾制定了金融控股公司资本充足、公司治理等金融监管规则。在监管方面，2003年，中国台湾成立"行政院金融监督管理委员会"，对金融控股公司实施统一监管。

二、金融业综合经营试点的基本情况

金融业综合经营在我国经历了一段较为曲折的历程。改革开放之初，我国金融业就进行了多元化经营的尝试。1993年，针对国内金融秩序混乱、金融体系出现严重风险的局面，党中央、国务院决定对保险业、证券业、信托业和银行业实行分业经营。2003年以来，经济金融改革开放进一步深化，金融业综合经营的要求和动力日益增强，特别是以大型商业银行改革为主要内容的金融业各项改革不断推进，为金融业综合经营奠定了微观基础。"十一五"规划和2007年全国金融工作会议都提出稳步推进金融业综合经营试点。"十二五"规划再次明确提出"积极稳妥推进金融业综合经营试点"。

（一）金融业综合经营试点稳步推进

金融机构跨业投资步伐加快。自2005年2月国务院批准商业银行投资设立证券投资基金管理公司以来，以工商银行、中国银行、建设银行、交通银行等为代表，金融机构跨业投资步伐加快。截至2011年末，在银行业，共有8家商业银行设立基金管理公司，6家商业银行投资保险公司，10家商业银行设立或投资金融租赁公司，3家商业银行投资3家信托公司，3家商业银行设立3家消费金融公司，4家资产管理公司投资控股了银行业、证券业、保险业机构。在证券业，有3家证券公司持有3家商业银行股权，1家证券公司投资信托公司。在保险业，共有4家保险集团投资控股了商业银行、信托、证券和基金管理公司等。

金融控股公司逐步形成。金融控股公司投资控股银行、证券、保险等两个或两个以上行业子公司，自身不经营具体金融业务。2006年和2008年，国务院先后批准设立银河金融控股公司和光大金融控股公司。经过多年实践，中信集团、光大集团、平安集团等已逐步发展成为实质性的金融控股公司。上海国际集团、天津泰达集团等管理地方国有金融资产的公司相继组建，也具有金融控股公司特点。

以理财产品为主的交叉性金融产品快速发展。在市场竞争和客户多元化金融需求的推动下，银信、银证、银保、证保等不同行业金融机构间的业务合作不断加强，以理财产品为主的交叉性金融产品快速发展。截至2011年末，商业银行表内外理财产品资金余额为4万亿元，表外理财产品呈现爆发式增长，资金余额为2.7万亿元。一些理财产品直接或间接投向贷款，发挥了一定的贷款替代作用。2005年以来，信贷资产证券化试点工作稳步推进。

产融结合型集团日益增多。国际经验表明，在社会化大生产条件下，产业发展到一定程度，与金融产生联合具有一定的必然性。近年来，产融结合在我国的发展明显加快，以央企为代表的产业集团通过新设、并购、参股等方式对金融企业进行资金、业务、人事等方面的介入和融合。当前，我国一些央企投资、控股了一些金融子公司，包括商业银行、财务公司、信托公司、金融租赁公司、证券业机构、保险公司，以及典当公司、担保公司等。部分央企在集团内设立了管理公司，统一管理集团内的金融资产，已成为实质性的金融控股公司。

（二）金融业综合经营试点取得一定成效

金融机构协同效应初步显现。金融机构以交叉销售、合作营销等方式开展综合经营，整合不同子公司的行业优势，共享客户资源，加强联动，实现了一定的协同效应，降低了整体经营成本。例如，工商银行、建设银行分别设立的工银瑞信基金、建信基金，依托银行营业网点开展的业务量占到总业务量的90%。平安集团收购深圳商业银行并将其重组为平安银行后，整合业务类型，加大风险管控，实现后台集中，扩展交叉销售的深度与广度，2010年，交叉销售已覆盖集团所有业务类型。信达、东方、华融等资产管理公司通过综合经营，实现了不良资产处置方式的多样化。

商业银行业务结构得到一定程度优化。商业银行通过开展综合经营改善业务结构，实现不同行业的盈利互补，过度依赖利差收入的情况得到一定缓解，在一定程度上提升了跨周期发展的能力。例如，工商银行2010年重组并购、资产转让与交易、股权投资基金主理银行等新业务收入实现较快增长，实现手续费及佣金净收入728.40亿元，同比增长32.1%，占营业收入的19.13%，提高1.31个百分点；理财业务收入217.74亿元，同比增长31.96%，占中间业务收入的27.91%，收益结构进一步优化。综合经营试点还进一步加深了相关金融行业的合作联动，促进和带动了被投资金融机构的发展。

产融结合一定程度上促进了产业集团的主业发展，增强了金融业的资本实力。产业集团投资金融业，统一调配资金，满足不同的业务要求，提高了资金使用效率，开拓了低成本融资渠道，通过培育内部金融机构开展专业化金融服务，促进了集团主业发展。实业企业通过进入金融领域，延伸产业链，寻求新的收入和利润增长点，也减小了单一行业周期性波动的影响。2008 年国际金融危机爆发后，一些产业集团在主业利润大幅下降的情况下，利用金融投资收益弥补了主业亏损。同时，产业集团投资金融业，增加了金融机构的出资主体，有利于金融业引进高质量的资本，对于金融机构增强资本实力、改善资本质量、提高损失吸收能力、完善资本结构发挥了积极作用。

综合经营监管制度初步建立。在稳步推进金融业综合经营试点的过程中，人民银行、银监会、证监会、保监会、财政部等部门完善规章制度，逐步强化综合经营监管。人民银行会同银监会、证监会先后制定了《商业银行设立基金管理公司试点管理办法》和《信贷资产证券化试点管理办法》，从完善规则和加强协调两方面稳步推进金融业综合经营试点。银监会制定了《银行并表监管指引（试行）》等制度办法，2008 年，与保监会签署了《关于加强银保深层次合作和跨业监管合作谅解备忘录》。证监会研究提出了综合经营试点政策。保监会发布《保险集团公司管理办法（试行）》等文件。财政部制定《金融控股公司财务管理若干规定》。

三、金融业综合经营试点面临的挑战

部分金融机构跨业投资需加强整体规划。不同金融行业的特性对金融机构开展综合经营的统筹规划、风险管控以及信息系统整合等方面提出了挑战。在试点过程中，部分金融机构存在求大求全的冲动，综合经营还处于股权投资或获得多个金融许可牌照的阶段，对业务和产品的有机整合不够，主业与副业的战略协调性不强。大型商业银行由于各自战略目标接近，同质化竞争激烈，存在抢占资源、追求规模扩张的情况，加剧了资本补充压力。

各行业综合经营均衡发展有待改善。银行业依靠资本实力、机构网点和市场认知度在综合经营方面具有优势，证券业、保险业机构相对较弱，特别是证券业的业务模式以经纪与承销为主，竞争同质化明显，产品创新能力与资源配置能力不足，整体发展空间受限。同时，各行业监管规则对股东资格和跨业投资要求存在差异，一定程度上也造成综合经营在各行业之间发展的不均衡。

金融控股公司存在监管真空。金融控股公司及子公司业务多元，经营领域广泛，组织结构复杂，关联交易隐秘，模糊了各金融行业的界限，需要从整体角度识别、评估和防范其风险。但当前缺乏对金融控股公司整体风险负责任的监管主体，分业监管存在差异，在交叉环节和集团内部可能出现监管盲点和不协调，产生资本重复计算和混用、资本套利、杠杆率高、不当关联交易、风险集中度过高等问题。金融控股公司准入和经营缺乏有效规范，存在监管真空。2004 年我国爆发的德隆系风险即是深刻教训。

交叉性金融产品监管有待加强。受商业银行规模和客户资源优势的影响，信托公司、证券公司、基金管理公司和保险公司的理财业务面临较大冲击。银行理财产品、信托理财产品、证券理财产品、保险理财产品归属不同部门监管，在产品审批、发行起点、产品份额、产品推广和信息披露等方面存在标准差异，容易引发监管套利。一些理财产品片面夸大盈利预期，信息披露机制不完善，弱化或隐瞒投资风险，金融消费者权益未能得到充分保护。

产融结合的政策导向需进一步明朗。产业集团开展金融业务潜藏一定的风险。一方面，如果忽视主营业务发展，过度追逐高额的金融投资回报，利用股权关联性和金融杠杆效应扩大金融资本规模，一定程度上会导致产业的空心化，一旦金融行业遭受损失，将影响实业发展。另一方面，在缺乏有效风险管理的情况下，产业集团可能通过实质控制和不当关联交易，将金融机构作为“提款机”，大量抽取资金，使实业风险向金融业传递。特别是在自身管理基础较差，且未设立独立机构管理集团内金融资产的产融结合型集团中，产业和金融业之间更难以建立有效的风险隔离机制，加大了产业风险和金融风险相互传递的可能性。目前，我国对产业集团开展金融投资的政策导向尚未明确，产融结合型集团的金融业务缺乏有效的整体监管，不利于切实隔离产业风险和金融风险。

防范综合经营风险的监管责任有待加强。随着我国金融业综合经营试点的推进，金融行业、金融市场之间的关联性更加密切，金融产品复杂程度大幅提高，金融风险呈现出跨行业、跨市场和跨境特点。目前，我国的金融监管以防范本行业和单一机构风险为目标，对金融行业相互关联可能引发的跨行业、跨市场风险监管不足。需要一个具有宏观审慎管理能力的部门，从金融体系的整体而不是分行业角度考虑，将综合经营金融机构纳入统一的监管范围，以整合和有效利用金融体系的全面数据信息为基础，准确识别和判断系统性风险隐患，研究制定针对性强、更为严格的监管政策和标准，及时采取风险矫正措施，建立层次清晰、责任明确的风险处置和清算安排，从而有效降低系统性风险的发生概率，并在风险发生时实现有序处置和清算，避免对金融稳定造成冲击。

四、积极稳妥推进金融业综合经营试点

国内外正反两方面的经验表明，综合经营是市场发展到一定阶段的必然结

果，也已成为我国金融业格局中的客观存在。下一步，应总结经验，建章立制，加强监管，防范风险，积极稳妥推进综合经营试点工作。

（一）综合经营是金融业的发展趋势和客观需要

综合经营仍是危机后国际金融业的发展趋势。此次国际金融危机爆发后，国际社会对综合经营产生了一些不同认识。有观点认为，金融业综合经营使金融机构的业务活动过于复杂，加剧了金融风险的识别和管理难度，是危机的重要根源，应限制金融机构的规模和经营范围。但实践表明，综合经营机构在危机中表现出更强的抗风险能力，在危机中损失惨重、陷入困境的主要是业务结构单一的中小型金融机构。目前，国际社会形成普遍共识，综合经营不是金融危机发生的直接或内在原因，过度的风险承担、过高的杠杆率、过于复杂且不透明的金融创新以及监管体系漏洞才是金融危机的根源。危机后，综合经营仍是国际金融业发展的主流趋势，部分大银行的综合经营程度甚至已经超过危机前水平。同时，危机后的金融监管改革也没有改变金融业综合经营趋势，而是强调加强对金融集团的整体监管。美国《多德—弗兰克华尔街改革与消费者保护法案》提出的“沃尔克规则”，其目的并非禁止综合经营，而是通过控制商业银行的高风险经营行为确保银行体系风险可控。2011 年 12 月，巴塞尔银行监管委员会（BCBS）、国际证监会组织（IOSCO）、国际保险监督官协会（IAIS）共同成立的“联合论坛”发布了《金融集团监管原则（征求意见稿)》，强调以避免资本重复使用、关注集团整体风险、防止监管套利为核心改进金融集团监管，重点关注金融集团内部未受监管的控股公司和机构风险。

金融业综合经营是我国金融业发展的客观需要。近年来，我国金融业综合经营有了较大发展，已初具规模，但对于是否积极推进综合经营也存在不同看法，主要是我国在 20 世纪 80 年代末至 90 年代初的金融业改革初期，金融机构普遍开展多种业务，出现了金融混乱现象。从历史的视角看，在当时的金融生态环境下，金融业出现混乱有其客观必然性，原因是多方面的，主要包括立法滞后、监管不足、内控机制不健全、会计准则不完善、人才缺乏等，与混业经营没有必然关系。为规范金融秩序，我国实施了分业经营制度，虽然发挥了一定的行业风险隔离作用，但也逐渐暴露出金融机构竞争力不强、资金配置效率低下等问题。当前，在金融业对外开放不断深化的环境下，为应对外部挑战，我国金融机构开展综合经营是面对现实的必然选择。通过综合经营，金融机构可以充分发挥网点和客户资源多的优势，促进业务协同，改善单一业务结构，提升盈利能力，满足多元化金融服务需求，以此提高国际竞争力，实现由大到强的转变。同时，经过“十一五”期间综合经营试点，金融业综合经营有了较大发展，初具规模，已成为不容忽视的客观现实。

（二）推进金融业综合经营试点的政策建议

在风险可控的前提下实行有序试点。为减少金融机构的盲目行为，避免一哄而上，应审慎推进，在风险可控的前提下对综合经营实行有序试点，分类开放，控制节奏，选择具备一定资本实力、公司治理完善、内控和风险管理能力较强并拥有专业人才队伍的机构开展综合经营。严格商业银行开展综合经营的准入资格及条件，对风险管理能力强的商业银行，优先开展综合经营试点。优先开展与商业银行传统服务相关程度高的业务。金融机构应客观分析自身主业优势和内在条件，以提高主业竞争力为准则来选择是否开展综合经营，避免脱离自身条件的非理性冲动。

选择适合我国国情的金融业综合经营模式。允许通过多种模式开展综合经营。从我国金融业发展水平看，“母公司控股、子公司分业经营”的金融控股公司，在资产配置、风险管理、客户信息资源共享等方面具有优势，并可以有效防止不同行业金融风险的传递，与我国金融监管体制现状相适应，可作为我国金融业综合经营试点的重要模式。此外，我国部分有实力的大型金融机构已经具备一定的资本运作、风险控制、交叉销售和业务整合能力，其中具备条件的金融机构也可探索通过跨行业投资其他金融机构的方式开展综合经营。

完善对金融机构跨业投资行为的监管。不断优化金融机构公司治理，规范金融机构跨业投资行为的决策程序，加强内控制度建设。强化资本充足监管，在并表基础上设置合理的资本充足要求，建立集团整体的资本约束机制，确保金融机构扩张与资本规模相适应。强化对高杠杆、高资本消耗类业务的控制和信息披露。规范内部交易，遵循市场公允定价和透明度原则，防范风险传递和利益输送，允许通过合规的内部交易发挥协同优势。控制金融机构各项金融业务对同一客户的风险集中度，采取与风险限额相匹配的风险分散措施。

对金融控股公司进行专门的、整体层面的监管。金融控股公司一般比较大，并且结构比较复杂，缺乏专门的、整体层面的监管，容易产生资本重复计算、风险集中度过高和监管套利等问题。应统筹考虑机构监管和功能监管，明确金融控股公司的监管职责，消除监管盲点，防范和化解整体风险，子公司按照业务种类接受相应的功能监管，相关职能部门对国有控股的金融控股公司进行财务管理。加快制定金融控股公司监管规则，强化资本充足监管，避免资本重复计算和资本套利，降低杠杆率。规范关联交易，遵循市场公允定价和透明度原则，避免跨行业风险交叉传染。加强风险集中度监管，完善公司治理，强化对股东和管理层的资格要求，防范控股股东滥用控制权损害小股东和客户合法权益。

改进交叉性金融产品监管规则，加强金融消费者保护。中长期理财产品在促进直接融资发展等方面具有积极意义。当前应着重控制好短期理财产品的风险，完善统计和监测制度，防止商业银行利用理财产品规避宏观调控和贷存比监管等要求。规范表外理财业务，完善表外理财产品与表内业务的风险隔离，整顿理财产品违规经营。统一各类理财产品的监管标准，加强理财产品监管的信息共享和政策协调，防止监管套利。金融机构应认真评估消费者的风险偏好、风险认知和承受能力，做到“把合适的产品卖给合适的人”，强化理财产品的信息披露义务，加强金融知识教育，便于金融消费者准确判断所投资产品的盈利和潜在风险。

允许符合一定条件的产业集团开展产融结合，设立金融控股公司加强实业与金融业的风险隔离。产业集团开展产融结合，有利于金融机构引进高质量资本，提高资本实力，改善资本结构，强化大股东责任，应允许符合一定条件的产业集团在服务主业发展的原则下投资金融业。为防范产融结合的不当关联交易等风险，应设置审慎的准入门槛。鼓励在集团内下设金融控股公司，专门管理集团的金融业务，在集团内部实现产融分离。明确集团内金融控股公司的监管职责，对产融结合型集团加强整体风险的监测和管理。有关部门对国有资产进行管理，子公司按照业务种类接受金融行业监管。

专题四

小微企业金融服务与中小金融机构发展

小微企业是社会主义市场经济体系的重要组成部分，党中央、国务院高度重视小微企业的持续健康发展问题。近年来，有关部门认真落实党中央、国务院的战略部署，着力解决小微企业融资面临的突出问题，努力改进小微企业金融服务，支持中小金融机构加大改革发展力度，取得了明显成效。目前，小微企业金融服务与经济社会发展的需要和企业的期待相比还有差距，还需要完善相关政策，加快改革创新步伐，加大金融支持小微企业发展的力度。

一、小微企业金融服务和中小金融机构发展成效明显

目前，我国小微企业金融服务产品种类日益丰富，融资渠道日益多元，已初步形成了包括信贷、担保、股票、债券、创业投资、融资租赁、保险以及民间借贷在内的多元化、多层次的小微企业金融服务体系，配套保障和差异化监管日益完善。

（一）多元化金融服务体系初步建成，小微企业金融服务功能不断完善

各类金融机构为适应小微企业发展特点和市场变化，不断改进业务流程，加强产品创新，努力满足小微企业融资需求，服务功能不断完善。

一是银行业金融机构继续发挥小微企业融资的主力作用。近年来，各类银行业金融机构不断完善小微企业服务机制，逐步建立了适应小微企业特点的信贷评审与管理体系，加大了小微企业信贷投放的总量，形成了一批适合小微企业融资需求特点的特色产品。截至2011年末，银行业金融机构小企业贷款余额10.76万亿元，增速分别高于大型和中型企业贷款14.2个和12.5个百分点，实现了小企业贷款增速高于全部贷款增速，增量高于上年同期的目标。此外，中小企业集合信托、小企业融资租赁业务等富有特色的金融服务方式稳步发展。

二是小微企业直接融资体系初步建立。目前，我国已初步形成包括中小企业板、创业板和报价转让系统在内的多层次资本市场体系，同时通过发挥资本市场的资金聚集功能，增强对创业投资等民间资本的吸附效应，带动民间资金以股权形式投资小企业。中小企业集合债券、中小企业短期融资券、中小企业集合票据等创新型直接融资工具不断丰富，中小企业短期融资券和集合票据已实行绿色通道制。截至年末，中小企业发行短期融资券、中小企业集合票据等直接债务融资产品累计筹集资金134.35亿元。

三是小微企业保险产品不断创新。保险业通过积极发展出口信用保险，增强了小微企业出口信心和市场竞争力；大力推进国内贸易信用保险的发展，有

效地缓解了小微商贸企业融资难和拓展国内市场问题；在部分省市试点探索小额贷款保证保险，进一步拓宽了小微企业融资渠道；鼓励发展保单融资等业务，不断为小微企业发展提供良好的保险服务环境，同时也为小微企业解决融资难问题提供了有效的支持。

（二）中小金融机构不断探索机制创新和化解历史包袱，持续改进小微企业金融服务

中小金融机构对小微企业提供金融服务具有天然的信息优势。近年来，各有关部门积极推进中小金融机构改革步伐，中小金融机构公司治理不断完善，资金实力和抗风险能力不断增强，为小微企业和“三农”提供金融服务的能力也不断提升。

一是中小商业银行改革不断推进，小微企业金融服务能力明显提升。近年来，中小商业银行不断改善股权结构，完善公司治理，差异化、特色化经营体制机制逐步形成，成为提供小微企业金融服务的重要力量。截至2011年末，我国中小金融机构中城市商业银行144家，资产总额9.98万亿元，同比增长27.18%，占银行业金融机构总资产的9.19%，同比提高0.95个百分点；贷款余额4.37万亿元，同比增长21.78%。

二是农村信用社改革不断深化，支农实力明显增强。农村信用社资金实力和支农信贷投放大幅增长。2011年，全国农村信用社新增涉农贷款和农户贷款分别为7 374亿元和3 093亿元，年末余额同比增长19%和15%，涉农贷款余额占各项贷款的比例为68.9%，同比提高0.5个百分点。农村信用社产权制度改革稳步推进。截至年末，全国共组建以县（市）为单位的统一法人农村信用社1 882家、农村商业银行212家、农村合作银行190家。县域农村商业银行各项贷款中，涉农贷款占比从2009年末的57.2%上升到2011年末的67%，农村合作银行涉农贷款占比从66.1%上升到70%，支农投入力度明显加大。

三是服务于县域小微企业和农村的新型金融组织体系逐步完善。2006年以来，有关部门逐步放宽农村地区银行业金融机构准入政策，按照“低门槛、严监管”的原则，引导社会各类资本在服务薄弱地区设立村镇银行、贷款公司、农村资金互助社、小额贷款公司等四类新型农村金融组织。截至2011年末，全国共有新型农村金融机构786家，其中，村镇银行726家，贷款公司10家，农村资金互助社50家，贷款余额1 310.42亿元；小额贷款公司4 282家，贷款余额3 915亿元。这四类机构在引导民间资本支持小微企业方面发挥了积极作用。

（三）配套支持体系逐步形成，小微企业金融服务得到有效保证

有关部门努力改善小微企业融资环境，完善配套支持体系，为改进小微企业金融服务创造了良好条件。

一是加强对小微企业融资业务的政策引导。在信贷融资方面，人民银行综合运用差别化货币政策工具并加强信贷指导，支持金融机构加大对小微企业的贷款投放，包括对小微企业贷款比例较高的中小型金融机构执行较低的存款准备金率，向中小金融机构提供再贷款，支持资信情况良好的城市商业银行和城市信用社增加中小企业贷款，对小微企业等薄弱环节票据优先办理再贴现，要求金融机构合理摆布信贷资金结构和信贷资金计划；银监会建立了差异化监管框架，通过适当放宽小微企业金融服务机构准入，对小微企业贷款的资本耗用和存贷比实行差异化考核，适度放宽小微企业不良贷款容忍度等差别化监管和激励政策，支持银行进一步加大对小微企业的信贷支持力度。在直接融资方面，人民银行推进建立小微企业多元化直接融资体系，加大短期融资券、中期票据、中小企业集合票据等一系列债务融资工具对小微企业的支持力度；证监会积极推进多层次资本市场建设，夯实中小企业板和创业板等资本市场基础，以适应科技型、创新型小企业上市融资需求。在保险服务方面，保监会积极推动保险产品和机制创新，完善保险分担机制，增强小微企业融资信用能力。

二是逐步加大小微企业融资的财税支持力度。近年来，我国出台了提高增值税和营业税起征点、减免小微企业所得税、对金融机构与小微企业签订的借款合同免征印花税、延长金融企业涉农贷款和中小企业贷款损失准备金税前扣除政策执行期限、允许受国际金融危机影响较大的困难小企业缓缴社会保险费或降低费率、对小企业信用担保机构继续给予政策补助和免征营业税、准备金税前扣除等一系列税费减免政策。同时，通过县域金融机构涉农贷款增量奖励、农村金融机构定向费用补贴等政策，引导和奖励金融机构加大对“三农”和小微企业融资的支持力度。部分地方政府建立了小企业贷款的风险补偿基金，对小企业贷款增幅较大的银行业金融机构给予一定比例的补偿，一些地方还清理和降低了涉及小企业贷款业务的相关收费标准。

三是积极推动构建小微企业金融服务长效机制。近年来，我国积极推进小企业信用体系建设，多渠道征集小微企业信用信息，建立适合小微企业特点的评价体系，推进企业和个人征信系统建设，减少小微企业融资中的信息不对称，努力营造小微企业融资的信用环境。有关部门积极推进小微企业产业结构调整，促进其提高业务发展能力和盈利水平。地方政府也在完善各地小微企业服务建设规划、建设小微企业公共服务平台等方面发挥了重要作用，为金融机

构有针对性地开展小微企业金融服务奠定了基础。

二、小微企业金融服务和中小金融机构发展中存在的主要问题

小微企业融资难是长期的世界性难题。目前我国虽然在小微企业金融服务方面取得阶段性进展，但仍有不少问题亟待解决。

小微企业自身存在缺陷，融资能力不足。小微企业具有经营风险大、资金需求量小且资金使用频率高等特征，存在较多局限，导致其在融资方面处于不利地位。一是部分小微企业对国家宏观经济政策调整和市场变化的适应能力不强，容易被淘汰，金融机构为其提供融资服务的积极性不高。二是部分小微企业创新能力不足，产品技术含量低，没有足够的产品优势和市场竞争能力，使得金融机构在选择小微企业客户时趋于谨慎。三是一些小微企业经营管理水平低，盈利能力不强，信息透明度差，金融机构向其提供服务时的信息获取成本较高或难以获得必要的信息。四是部分小微企业的信用意识比较淡薄，存在逃避银行贷后管理、擅自改变借贷资金用途甚至逃废债等问题。

直接融资渠道不畅，资本市场支持力度有待继续加大。在发达国家，小企业约一半的资金需求通过直接融资满足，而我国小企业直接融资与间接融资的结构比例失衡，与发达国家存在较大差距。一是多元化融资体系不健全，企业融资过度依赖银行业金融机构，尤其是大企业主要依赖银行进行融资，导致银行缺乏对小微企业服务的内在动力。二是资本市场融资渠道狭窄，面向小企业的场外市场建设相对滞缓。三是中小企业集合债券、中小企业短期融资券、中小企业集合票据、中小企业集合信托等产品有待进一步发展。

银行体系组织结构不合理，小型社区类金融机构有待发展。目前，小微企业融资规模与其在社会经济中的地位还不相称，商业银行传统的服务方式还不能完全适应小微企业融资需求的增长。一是银行金融机构同质化竞争较为普遍，大多数银行业金融机构习惯于追逐大企业、大客户，做大规模、粗放经营发展方式未彻底转变，差异化、特色化经营模式尚未形成。二是金融服务覆盖率较低，不能满足各类小微企业的需求。特别是小微企业分布范围广，在县乡一级、中西部地区的小微企业数量较多，金融机构出于成本与风险的考量，不愿到这些地区开设物理网点。三是近年新推出的村镇银行、贷款公司和农村资金互助社等新型金融机构处于起步阶段，对小微企业融资的整体支持作用还未完全发挥出来，为社区内小微企业提供专门服务的银行业金融机构还比较缺乏。四是针对小微企业的融资产品创新不够，部分产品在利率浮动水平、担保要求、贷款期限、还款方式等方面仍难以满足小微企业的个性化融资需求。

风险分担机制不健全，保障作用未能充分发挥。目前我国风险分担机制尚不能发挥应有的作用，影响了小微企业的融资效果。一是融资性担保公司运作不规范，增加了小微企业融资成本。目前我国担保市场机构数量众多，但多数机构规模较小、资本实力不强、经营不够规范，政府出资的担保公司担保能力有限。二是小微企业保险市场仍需进一步开拓。保险公司对小微企业的服务和风险分担方面发挥的作用还不充分，开发的产品过于单一，对增强小微企业信用能力、分担风险方面的信用保险和贷款保证保险等新型产品开发力度不够，全过程的风险监控和承保理赔服务还不能适应小微企业融资的需要。

政策配套措施还需进一步完善。目前，我国相关法律法规体系、财税扶持政策、信用体系建设等方面均存在一些不足，影响了小微企业金融服务的深入开展。一是法律法规不健全，缺少与《中华人民共和国中小企业促进法》相配套的行政法规和监管法规，一些针对小微企业融资的配套法规尚未修订或出台，部分法律法规中存在一些不利于小微企业融资的制约因素。二是财税扶持政策有待进一步完善，重点要提高政策的针对性和均衡性。三是信用体系建设有待加强。目前，小微企业的信用信息分散在人民银行、工商、税务、海关等不同部门，反映小微企业生产经营情况的信息难以按统一的标准征集与共享。四是抵押担保等手续繁琐、费用较高。

三、政策展望

我国要转变经济发展方式，顺利完成经济结构调整，实现更高质量、解决更多就业的经济增长，在此过程中，小微企业具有独特的、不可替代的作用。为此，要在继续推动各类银行业金融机构健全发展小微企业金融服务体制机制的同时，大力发展主要服务于小微企业的小型社区类金融机构，构建多渠道并重的小微企业融资服务体系，积极开展适合小微企业需求的金融产品和信贷模式创新，进一步完善相关政策，把解决小微企业融资难的政策措施落到实处。

发展小型社区类金融机构。发展小型社区类金融机构是解决小微企业融资难的有效途径。要在建立存款保险机制和加强监管的前提下，放宽准入，鼓励、引导和规范民间资本投资设立小型社区类金融机构。鼓励小型社区类金融机构立足当地、立足基层，主要支持小微企业发展，避免盲目跨区域扩张等经营行为，形成竞争充分、服务优良、风险可控的金融服务体系。在此基础上，与现有各类金融机构相互补充，培育形成商业性、合作性和政策性相结合的小微企业金融服务组织体系。

加强适合小微企业需求的直接融资市场建设。大力推进适合小微企业资金需求的创业投资体系，鼓励创业投资企业发展，完善创业投资政策体系，设立国家级创业投资引导基金，逐步建立以政府资金为引导、民间资本为主体的风险资本筹集机制和市场化的风险资本运作机制。稳步发展中小企业集合票据等债务融资工具。逐步扩大发行规模，探索研究针对成长型小企业的私募可转换票据、高收益票据产品。积极发挥信用增进机构的外部增信功能，解决部分低信用级别的小企业的融资困难。积极推动符合条件的小企业在中小企业板和创业板上市，进一步完善中小企业和创业板相关制度建设，支持具有较好成长性和较高科技含量的小企业通过资本市场上市融资。拓宽非上市企业股权转让渠道。此外，引导民间融资市场有序发展，建立有效的民间融资监测体系，充分发挥民间融资市场在满足小微企业金融服务需求方面的积极作用。

积极开展金融产品和信贷模式创新。各类金融机构应在遵循市场原则的前提下，积极开展适合小微企业需求的金融产品和信贷模式创新。进一步加大对贸易融资、产品链融资等小微企业信贷产品的创新，鼓励发展个人经营性贷款或以个人无限责任为担保的微型企业贷款，创新风险可控的微型企业信贷融资机制，逐步形成一批适合小微企业融资需求特点的特色产品、拳头产品。完善对小微企业融资的业务管理制度。进一步完善适应小微企业特点的信贷评审和管理系统，简化贷款流程，提高评审效率，建立客户准入、退出的动态管理机制。进一步发挥融资租赁、信托等融资方式在小微企业融资中的作用。

完善配套政策和措施，创造有利于小微企业金融服务的外部环境。督促和引导有关方面结合我国小微企业发展实际，逐步完善相关配套措施和政策，为改进小微企业金融服务创造良好的社会环境和市场环境。建立完善有利于小微企业持续发展的扶持政策体系，提高小微企业盈利水平。加强对小微企业发展的产业政策指导，更有效地实现分类支持、促进小微企业优胜劣汰、实现产业转型升级。继续灵活运用多种货币政策工具，完善小微企业信贷考核体系，鼓励和引导银行业金融机构加大对小微企业的信贷支持。进一步推动设立对小微企业贷款进行风险补偿的专项财政资金，对银行业金融机构发放的小微企业贷款给予适当补助，对银行业金融机构形成的小微企业不良贷款损失给予适度补偿。深入研究并改进中小金融机构差异化监管体系，加大对中小金融机构的监管力度，严格中小金融机构跨区域发展的准入标准。清理和规范各类收费项目，并结合金融业特点，建立科学合理、公开透明的收费制度，切实减轻小微企业实际融资的成本负担。

附录一

银行业稳定状况定量分析：以17家主要商业银行为例

2011 年，中国银行业继续保持稳健运行，资产规模、经营效益和风险管理水平持续提高，银行业主要指标保持良好，资本实力进一步增强，有力地支持了实体经济发展。为分析银行业经营状况，及时了解行业风险，我们选取资产总额占银行业金融机构[①]资产总额 63.07% 的 17 家主要商业银行[②]，分别从盈利能力、资产、负债、资本以及流动性等方面进行量化分析。

一、盈利能力分析

（一）资本利润率（ROE）分解分析

2011 年，主要商业银行 ROE 为 21.28%，比上年提高 1.06 个百分点。分解分析显示，这主要由于风险收益率和业务风险水平上升较多（见附表 1－1）所致，而边际利润率和财务杠杆有所下降。本年主要商业银行的风险收益率增加较多，表明银行的风险管理水平明显提高，边际利润率下降表明银行业的盈利能力有所下降，而财务杠杆连续两年下降，表明银行业稳健性持续增强。

附表 1－1　17 家主要商业银行 ROE 分解项目简表

	边际利润率（%）		风险收益率（%）		业务风险水平（%）		财务杠杆		ROE（%）	
	2010	2011	2010	2011	2010	2011	2010	2011	2010	2011
17 家主要商业银行	30.28	26.86	6.87	8.51	54.68	56.57	17.77	16.46	20.22	21.28
5 家大型商业银行	32.69	31.28	6.75	7.68	53.22	55.04	17.34	16.12	20.37	21.32
12 家股份制商业银行	23.65	18.29	7.23	10.76	59.47	61.20	19.36	17.55	19.67	21.15

注：$ROE=\frac{\text{税后净利润}}{\text{营业收入}}\times\frac{\text{营业收入}}{\text{平均风险加权资产}}\times\frac{\text{平均风险加权资产}}{\text{平均总资产}}\times\frac{\text{平均总资产}}{\text{平均所有者权益}}$

=边际利润率×风险收益率×业务风险水平×财务杠杆

数据来源：中国银监会。

对比显示，大型商业银行的 ROE 略高于股份制商业银行。从 ROE 分解项目看，前者的边际利润率比后者高出 16.5%，而风险收益率、业务风险水平

① 包括政策性银行、国有商业银行、股份制商业银行、城市商业银行、农村商业银行、农村合作银行、外资银行、城市信用社、农村信用社、非银行金融机构（信托投资公司、财务公司、金融租赁公司、汽车金融公司、货币经纪公司）、邮政储蓄银行。

② 包括 5 家大型商业银行（工商银行、农业银行、中国银行、建设银行、交通银行）和 12 家股份制商业银行（中信银行、光大银行、华夏银行、广东发展银行、深圳发展银行、招商银行、上海浦东发展银行、兴业银行、民生银行、恒丰银行、浙商银行、渤海银行）。

和财务杠杆较低。因此，股份制商业银行应进一步提高自身运营效率，降低财务风险。而大型商业银行应改善风险管理，提高经营的稳健性。

与2010年相比，2011年主要商业银行风险收益率上升1.64个百分点，业务风险水平上升1.89个百分点，边际利润率和财务杠杆分别下降3.42个百分点和7.4%（见附图1－1）。其中，大型商业银行风险收益率和业务风险水平分别上升了0.93个和1.82个百分点，边际利润率和财务杠杆分别下降1.41个百分点和7%；股份制商业银行的风险收益率大幅上升3.53个百分点，边际利润率和财务杠杆分别下降5.36个百分点和9.3%。

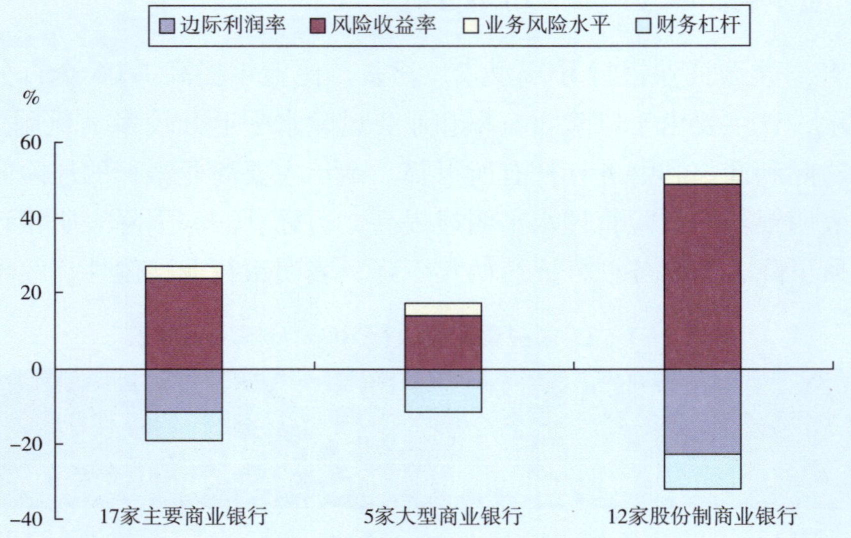

数据来源：中国银监会。

附图1－1　2011年17家主要商业银行ROE分解项目波动情况

（二）收入结构分析

2011年，主要商业银行实现净营业收入2.17万亿元，增长27.96%。其中，大型商业银行1.64万亿元，增长24.9%；股份制商业银行0.53万亿元，增长38.5%（见附表1－2）。

净利息收入仍然是营业收入的主要来源。2011年，主要商业银行净利息收入增长28.4%，在净营业收入中占比59.24%，比上年提高0.19个百分点。其中，大型商业银行和股份制商业银行净利息收入分别增长26%和34.4%。

中间业务收入继续保持较快增长。2011年，主要商业银行手续费净收入同比增长43.2%，其中，大型商业银行增长38.2%，股份制商业银行增长70.8%。主要商业银行手续费净收入占比18.11%，比上年提高1.93个百分点，其中，大型商业银行和股份制商业银行手续费净收入占比分别提高 1.89 个和 2.57 个百分点，已连续五年上升；股份制银行手续费净收入占比仍低于大型银行 5.99 个百分点，但差距有所缩小。

投资收益占比连续三年下降。2011 年，银行间货币市场持续活跃，货币市场利率波幅较大，国债收益率曲线总体呈现陡峭化下移走势。2011 年，商业银行境内外投资收益波动不大，主要商业银行投资收益同比增长 14.9%，其中，债券投资收益同比增长 13.2%，股权投资收益同比增长 3.9%。分机构类型看，大型商业银行投资收益增长 11.3%，股份制商业银行增长 39.6%。主要商业银行投资收益占比 20.7%，同比下降 2.34 个百分点，连续 3 年下降，其中，大型商业银行下降 2.82 个百分点，股份制商业银行提高 0.1 个百分点。

附表 1-2　17 家主要商业银行净营业收入构成

单位：亿元，%

项　目		17 家主要商业银行		5 家大型商业银行		12 家股份制商业银行	
		2010	2011	2010	2011	2010	2011
余额	净利息收入	10 017.40	12 858.24	7 201.52	9 073.20	2 815.88	3 785.04
	手续费净收入	2 745.14	3 931.83	2 324.91	3 213.97	420.23	717.86
	投资收益	3 909.40	4 493.10	3 404.40	3 788.20	505.00	704.90
	其他业务收入	292.60	423.91	218.60	347.45	74.00	76.46
	净营业收入	16 964.54	21 707.07	13 149.43	16 422.83	3 815.11	5 284.25
占比	净利息收入	59.05	59.24	54.77	55.25	73.81	71.63
	手续费净收入	16.18	18.11	17.68	19.57	11.01	13.58
	投资收益	23.04	20.70	25.89	23.07	13.24	13.34
	其他业务收入	1.73	1.95	1.66	2.12	1.94	1.45
	净营业收入	100	100	100	100	100	100

数据来源：中国银监会。

（三）成本结构分析

2011 年，主要商业银行营业支出[①]为 8 513.3 亿元，增长 23.5%，其中，大型商业银行 6 307.6 亿元，增长 21.2%；股份制商业银行 2 205.7 亿元，增

---

① 营业支出包含营业费用、营业税金及附加和其他营业支出三项。

长30.6%。

2011年，主要商业银行的成本收入比①为32.8%，同比下降1.85个百分点，主要商业银行成本收入比连续五年下降，成本管理效率进一步提高（见附图1-2）。其中，大型商业银行为32.3%，下降1.58个百分点；股份制商业银行34.5%，下降2.99个百分点。净营业收入增长幅度大于营业支出，其中，大型商业银行和股份制商业银行净营业收入增速比营业支出分别高出3.7个和7.9个百分点，商业银行盈利能力有所增强（见附图1-3）。

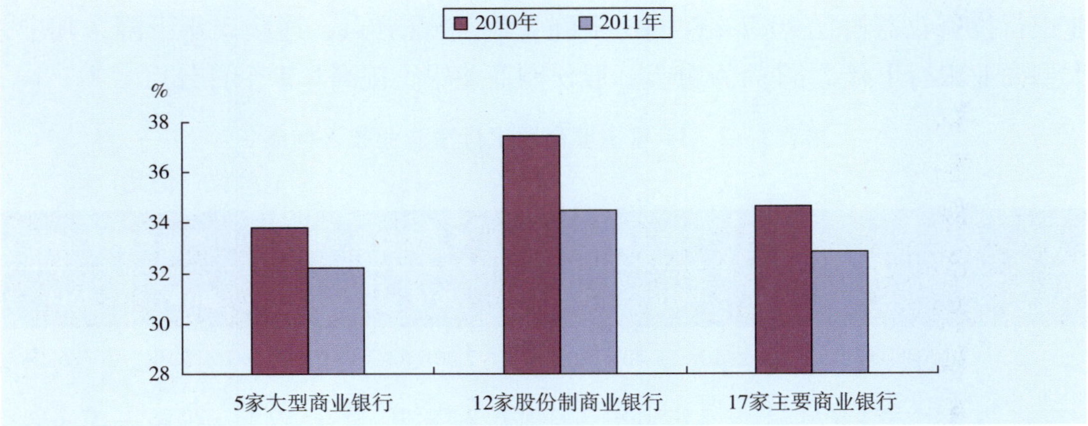

数据来源：中国银监会。

附图1-2　17家主要商业银行成本收入比

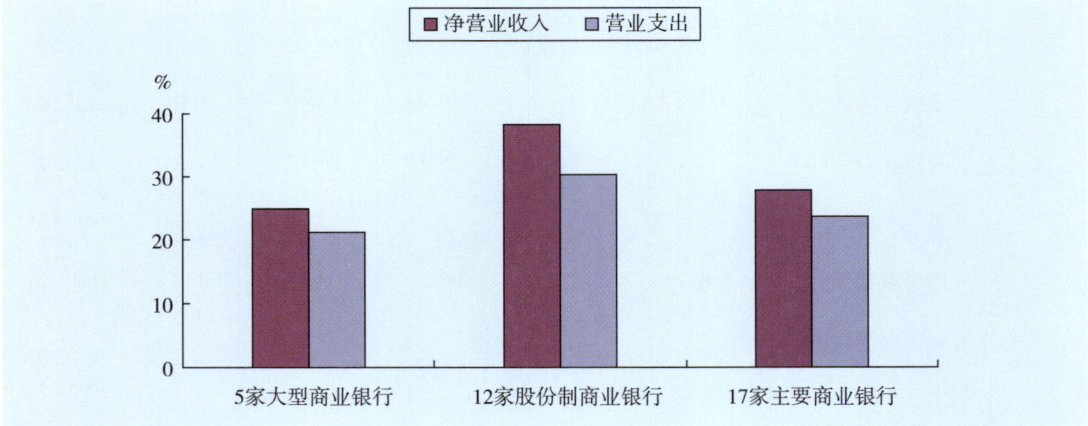

数据来源：中国银监会。

附图1-3　17家主要商业银行净营业收入、营业支出增速

---

① 成本收入比=（营业支出-营业税金及附加）/（利息净收入+手续费净收入+其他业务收入+投资收益）×100%

二、资产分析

（一）总资产规模与结构

2011 年，商业银行资产规模稳步增长，17 家主要商业银行资产总额 72 万亿元，增长 16.5%，占银行业金融机构资产总额的 63.1%。其中，大型商业银行资产总额 52 万亿元，增长 13.3%；股份制商业银行 18.3 万亿元，增长 23.3%。

从资产构成上看，贷款和投资仍然是资产的主要组成部分，占 67%。2011 年，主要商业银行存放中央银行款项占总资产的比重同比提高 1.38 个百分点；贷款在总资产中占比下降 1.52 个百分点；贸易融资占比提高 0.69 个百分点；存放同业占比提高 1.17 个百分点；买入返售资产占比下降 0.63 个百分点；投资占比下降 2.34 个百分点，已连续四年下降（见附表 1－3）。

附表 1－3　17 家主要商业银行资产构成

单位：亿元，%

项　目	金　额		比　率	
	2010	2011	2010	2011
存放中央银行款项	93 423.88	118 791.32	15.12	16.50
存放同业款项	15 819.61	26 890.68	2.56	3.73
贷款	300 073.85	338 717.31	48.56	47.04
贴现	7 686.39	7 115.46	1.24	0.99
贸易融资	16 149.52	23 737.05	2.61	3.30
拆放同业	7 547.67	17 852.76	1.22	2.48
投资	137 159.99	142 957.27	22.19	19.85
买入返售资产	31 572.83	32 265.11	5.11	4.48
其他	8 546.91	11 802.41	1.38	1.64
总资产	617 980.65	720 129.37	100.00	100.00

数据来源：中国银监会。

（二）贷款规模与质量

截至2011年末，主要商业银行各项贷款余额35.87万亿元，比年初增加4.2万亿元，增长13.3%。其中，大型商业银行各项贷款余额26.6万亿元，增长12.6%；股份制商业银行各项贷款余额9.28万亿元，增长15.1%。

截至2011年末，主要商业银行的不良贷款余额3 520.7亿元，比年初减少125.4亿元；不良贷款率0.98%，比年初下降0.17个百分点。其中，大型银行不良贷款率1.11%，比年初下降0.19个百分点；股份制商业银行不良贷款率0.61%，比年初下降0.09个百分点（见附图1－4）。

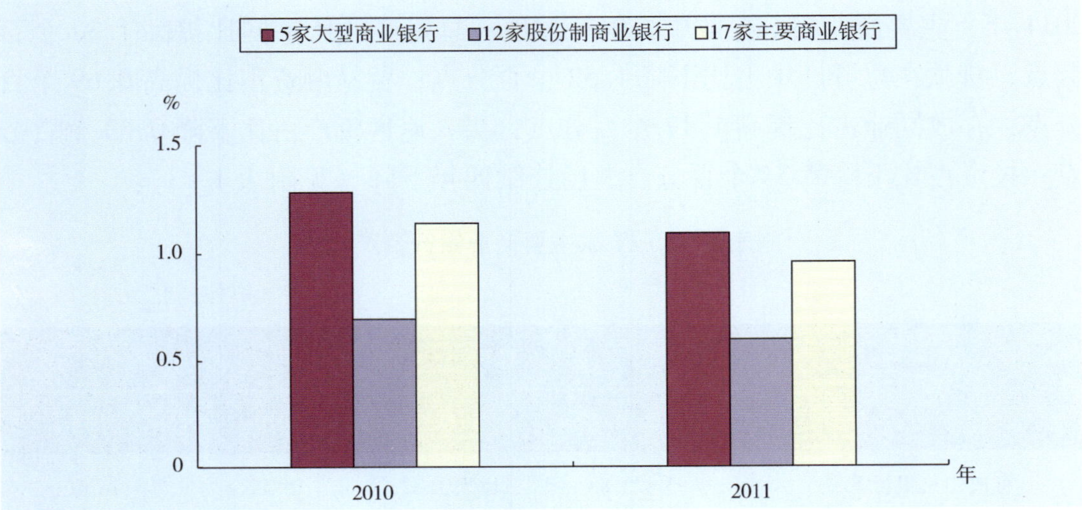

数据来源：中国银监会。

附图1－4　17家主要商业银行不良贷款率

（三）拨备覆盖率[①]

2011年，主要商业银行拨备覆盖率继续高位提升。截至2011年末，主要商业银行的整体拨备覆盖率为275.5%，同比提高57.8个百分点。其中，大型商业银行261.5%，同比提高54.7个百分点；股份制商业银行350.3%，同比提高72.7个百分点（见附图1－5）。

---

① 拨备覆盖率＝贷款损失准备/不良贷款余额×100%

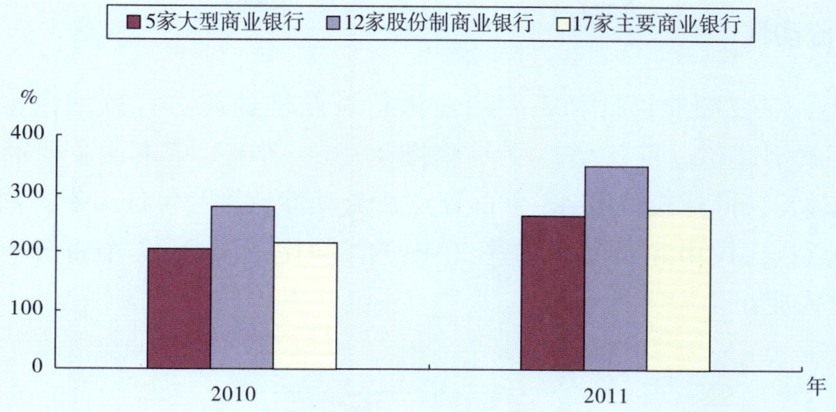

数据来源：中国银监会。

附图 1-5 17 家主要商业银行贷款拨备覆盖率

三、负债、资本与流动性

（一）负债规模与结构

截至 2011 年末，17 家主要商业银行负债总额 67.56 万亿元，同比增长 16.2%，占银行业金融机构负债总额的 63.7%。其中，大型商业银行占比 47.4%，同比下降 1.8 个百分点；股份制商业银行占比 16.3%，提高 0.6 个百分点。

截至 2011 年末，主要商业银行存款余额 56.6 万亿元，同比增长 13.2%。其中，单位存款增长 9.14%，增速下降 9.92 个百分点；储蓄存款增长 12.47%，增速下降 1.05 个百分点。随着稳健货币政策的实施，存款增速有所放缓。2011 年，主要商业银行单位存款和储蓄存款占负债总额的 78%，同比下降 2 个百分点。

（二）资本与资本充足率

2011 年末，17 家主要商业银行全部达到银监会资本充足率监管要求。主要商业银行整体核心资本充足率为 9.73%，资本充足率为 12.32%，同比分别上升 0.11 个和 0.52 个百分点。随着银行留存收益和发行债券规模不断增大，2011 年主要商业银行的资本净额明显增加，截至 2011 年末，主要商业银行的资本净额 5.1 万亿元，同比增加 1.02 万亿元，增长 25%。

（三）流动性

2011 年，主要商业银行和大型商业银行贷款增速超过存款增速，股份制商业银行存款增速超过贷款增速（见附图 1－6）。2011 年末，主要商业银行存贷比 65.26%，同比提高 0.43 个百分点；流动性比率[①]为 41.8%，同比提高 0.8 个百分点；人民币超额备付金率 2.49%，同比下降 0.07 个百分点，整体流动性仍较为充足。

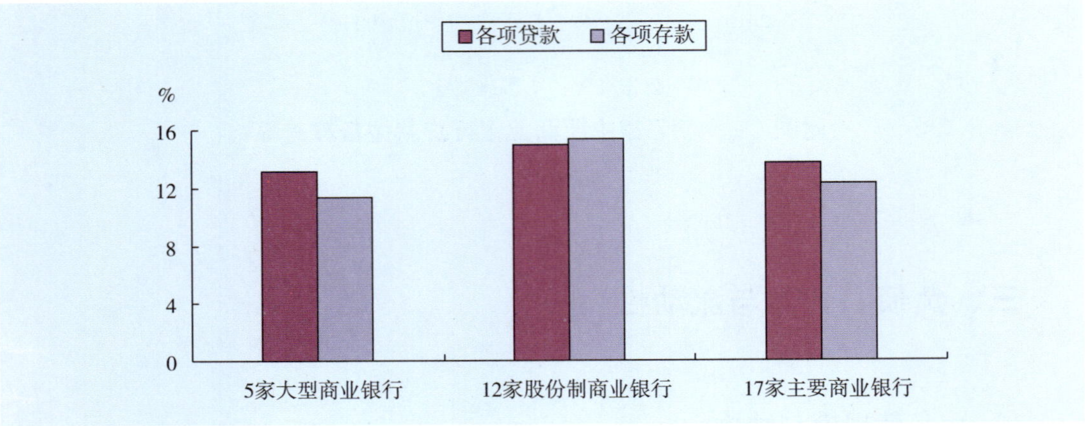

数据来源：中国银监会。

附图 1－6　2011 年 17 家主要商业银行存贷款增速

① 流动性比率＝流动性资产/流动性负债×100%

附录二

统计资料

附表 2-1　主要宏观经济指标

（年末余额）

项　　目	2007	2008	2009	2010	2011
国内生产总值（亿元）	249 530	300 670	335 353	397 983	471 564
工业增加值	107 367.0	129 112.0	134 625.0	160 030.0	188 572.0
固定资产投资总额（亿元）	137 239.0	172 291.0	224 846.0	278 140.0	311 022.0
社会消费品零售总额（亿元）	89 210.0	108 488.0	125 343.0	156 998.0	183 919.0
城市（城镇）	60 411.0	73 735.0	85 133.0	136 123.0	159 552.0
县及县以下（乡村）	28 799.0	34 753.0	40 210.0	20 875.0	24 367.0
进出口总额（亿美元）	21 738.0	25 616.0	22 072.0	29 728.0	36 421.0
出口	12 180.0	14 285.0	12 017.0	15 779.0	18 986.0
进口	9 558.0	11 331.0	10 056.0	13 948.0	17 435.0
差额	2 622.0	2 955.0	1 961.0	1 831.0	1 551.0
实际使用外商直接投资（亿美元）	748.0	924.0	900.0	1 057.0	1 160.0
外汇储备（亿美元）	15 282.5	19 460.3	23 991.5	28 473.4	31 811.0
居民消费价格指数（上年=100）	104.8	105.9	99.3	103.3	105.4
财政收入（亿元）	51 304.0	61 316.9	68 476.9	83 080.3	103 740.0
财政支出（亿元）	49 565.4	62 427.0	75 873.6	89 575.4	108 929.7
赤字或盈余（亿元）	1 738.6	-1 110.1	-7 396.7	-6 495.1	-5 189.7
城镇居民人均可支配收入（元）	13 786.0	15 781.0	17 175.0	19 109.0	21 810.0
农村居民人均纯收入（元）	4 140.0	4 761.0	5 153.0	5 919.0	6 977.0
城镇地区从业人员（百万）	293.5	302.1	311.2	—	359.1
城镇登记失业率（%）	4.0	4.2	4.3	4.1	4.1
总人口（百万）	1 321.3	1 328.0	1 334.7	1 339.7	1 347.4

注：从 2011 年开始，固定资产投资统计的起点标准从计划总投资 50 万元提高到 500 万元。自 2010 年起，社会消费品零售总额统计采用新的分组，即将经营单位所在地分组由“市”、“县”、“县以下”改为“城镇”、“乡村”。

数据来源：根据《中国统计年鉴》和《中国国民经济和社会发展统计公报》等相关资料整理。

2011 年数据来源为《中华人民共和国 2011 年国民经济和社会发展统计公报》、《关于 2011 年中央和地方预算执行报告与 2012 年中央和地方预算草案的报告》。

附表2－2　主要金融指标（一）

（年末余额）

单位：亿元

项　　目	2007	2008	2009	2010	2011
M_2	403 442.2	475 166.6	606 225.0	725 851.8	851 590.9
M_1	152 560.1	166 217.1	220 001.5	266 621.5	289 847.7
M_0	30 375.2	34 219.0	38 246.0	44 628.2	50 748.5
金融机构各项存款	389 371.2	466 203.3	597 741.1	718 237.9	809 368.3
储蓄存款	172 534.2	217 885.4	260 771.7	303 302.5	343 635.9
非金融企业存款	138 673.7	157 632.2	217 110.0	244 495.6	303 504.3
金融机构各项贷款	261 690.9	303 394.6	399 684.8	479 195.6	547 946.7

数据来源：中国人民银行。

附表2－3　主要金融指标（二）

（增长率）

单位：%

项　　目	2007	2008	2009	2010	2011
M_2	16.74	17.82	27.68	19.73	13.61
M_1	21.05	9.06	32.35	21.19	7.85
M_0	12.20	12.65	11.77	16.69	13.76
金融机构各项存款	16.07	19.73	28.21	20.16	13.54
储蓄存款	6.77	26.29	19.68	16.31	13.78
非金融企业存款	22.46	13.67	37.73	12.61	9.23
金融机构各项贷款	16.10	18.73	31.74	19.89	15.83

注：由于统计制度的调整，本表增长率是经过调整的可比口径的同期比。
数据来源：中国人民银行。

附表2－4　国际流动性

单位：百万美元

项　　目	2006	2007	2008	2009	2010	2011
总储备（减黄金）	1 068 538	1 530 279	1 949 260	2 414 131	2 862 276	3 197 107
特别提款权	1 113	1 191	1 199	12 510	12 345	11 855
在基金储备头寸	1 081	839	2 031	2 469	2 593	4 104
外汇	1 066 344	1 528 249	1 946 030	2 399 152	2 847 338	3 181 148
黄金（百万盎司）	19.29	19.29	19.29	33.89	33.89	33.89
黄金（折价）	4 074	4 074	4 074	9 815	9 815	9 815
其他存款性公司国外负债	531 724	82 676	75 255	88 146	108 406	123 250

注：因统计口径变化，本表对2009年“其他存款性公司国外负债”数据进行了调整。
数据来源：中国人民银行。

附表 2－5 黄金、外汇储备

年份	黄金储备（万盎司）	外汇储备（亿美元）	外汇储备比上年增长（%）
1995	1 267	736. 0	42. 6
1996	1 267	1 050. 3	42. 7
1997	1 267	1 398. 9	33. 2
1998	1 267	1 449. 6	3. 6
1999	1 267	1 546. 8	6. 7
2000	1 267	1 655. 7	7. 0
2001	1 608	2 121. 7	28. 1
2002	1 929	2 864. 1	35. 0
2003	1 929	4 032. 5	40. 8
2004	1 929	6 099. 3	51. 3
2005	1 929	8 188. 7	34. 3
2006	1 929	10 663. 4	30. 2
2007	1 929	15 282. 5	43. 3
2008	1 929	19 460. 3	27. 3
2009	3 389	23 991. 5	23. 3
2010	3 389	28 473. 4	18. 7
2011	3 389	31 811. 5	11. 7

注：中国人民银行于 2001 年 12 月、2002 年 12 月和 2009 年 4 月对黄金储备数据进行了调整。

数据来源：中国人民银行。

附表 2－6 金融业资产简表

（本外币）

（2011 年 12 月 31 日） 单位：万亿元

项目	资产
金融业	148. 97
中央银行	28. 10
银行业金融机构	113. 29
证券业金融机构	1. 57
保险业金融机构	6. 01

注：证券业金融机构仅含证券公司。

数据来源：中国人民银行金融稳定分析小组估算。

附表2－7 2011年存款性公司概览

（季末余额）

单位：亿元

项　目	第一季度	第二季度	第三季度	第四季度
国外净资产	235 260.6	243 522.6	248 704.1	251 644.5
国内信贷	611 055.8	630 497.6	647 552.5	687 971.6
对政府债权（净）	31 899.1	26 633.5	27 862.7	42 363.9
对非金融部门债权	542 273.6	562 821.9	579 365.7	600 634.5
对其他金融部门债权	36 883.1	41 042.2	40 324.1	44 973.1
货币和准货币	758 131.0	780 821.0	787 406.2	851 590.9
货币	266 255.6	274 662.7	267 193.2	289 847.7
流通中现金	44 845.3	44 477.9	47 145.3	50 748.5
活期存款	221 410.3	230 184.8	220 047.9	239 099.2
准货币	491 875.4	506 158.3	520 213.0	561 743.2
定期存款	148 781.1	159 299.8	171 105.4	166 616.0
储蓄存款	331 308.9	337 570.6	341 792.3	352 797.5
其他存款	11 785.4	9 287.9	7 315.3	42 329.7
不纳入广义货币的存款	21 189.8	22 774.9	22 757.4	16 809.1
债券	64 385.4	69 587.2	72 964.0	75 409.7
实收资本	26 982.8	27 533.1	28 008.0	28 861.7
其他（净）	-24 372.5	-26 695.9	-14 879.1	-33 055.3

注：1. 自2006年起，人民银行开始编制“存款性公司概览”。“存款性公司概览”同原“银行概览”相比，不包含信托投资公司和金融租赁公司。

2. 此表中“其他存款”项目自2006年起不含非金融公司保证金存款，因此与“货币供应量”中“其他存款”口径不一致。

数据来源：中国人民银行。

附表 2－8　2011 年货币当局资产负债表

（季末余额）

单位：亿元

项　　目	第一季度	第二季度	第三季度	第四季度
国外资产	226 277.5	234 697.9	241 200.8	237 898.1
外汇	217 476.5	226 386.7	233 853.6	232 388.7
货币黄金	669.8	669.8	669.8	669.8
其他国外资产	8 131.2	7 641.3	6 677.4	4 839.5
对政府债权	15 404.8	15 404.8	15 399.7	15 399.7
其中：中央政府	15 404.8	15 404.8	15 399.7	15 399.7
对其他存款性公司债权	9 561.5	9 678.0	9 556.6	10 247.5
对其他金融性公司债权	11 318.7	11 253.9	11 244.8	10 644.0
对非金融部门债权	25.0	25.0	25.0	25.0
其他资产	6 230.5	7 018.9	7 485.3	6 763.3
总资产	**268 818.0**	**278 078.6**	**284 912.2**	**280 977.6**
储备货币	192 565.4	203 469.9	212 204.1	224 641.8
货币发行	49 272.5	48 815.9	52 203.2	55 850.1
其他存款性公司存款	143 292.9	154 654.0	160 000.9	168 791.7
不计入储备货币的金融性公司存款	978.4	802.6	860.6	908.4
发行债券	31 160.3	27 266.1	22 451.0	23 336.7
国外负债	4 579.9	4 866.4	4 671.9	2 699.4
政府存款	27 289.0	34 542.1	35 711.8	22 733.7
自有资金	219.8	219.8	219.8	219.8
其他负债	12 025.2	6 911.7	8 793.1	6 438.0
总负债	**268 818.0**	**278 078.6**	**284 912.2**	**280 977.6**

数据来源：中国人民银行。

附表 2－9　2011 年其他存款性公司资产负债表

（季末余额）

单位：亿元

项　目	第一季度	第二季度	第三季度	第四季度
国外资产	20 801.4	21 977.5	20 353.6	24 211.7
储备资产	146 871.3	158 159.9	164 084.2	173 004.1
准备金存款	142 444.1	153 821.9	159 026.3	167 902.5
库存现金	4 427.2	4 338.0	5 057.9	5 101.6
对政府债权	43 783.3	45 770.8	48 174.7	49 697.8
其中：中央政府	43 783.3	45 770.8	48 174.7	49 697.8
对中央银行债权	35 632.3	26 612.2	23 719.8	22 324.0
对其他存款性公司债权	154 450.0	166 119.0	161 523.0	179 466.0
对其他金融机构债权	25 564.4	29 788.2	29 079.3	34 329.2
对非金融机构债权	423 349.3	436 947.9	448 125.0	465 395.2
对其他居民部门债权	118 899.3	125 849.0	131 215.7	135 214.4
其他资产	47 948.5	50 642.7	51 949.8	54 224.7
总资产	**1 017 299.8**	**1 061 867.2**	**1 078 225.2**	**1 137 867.1**
对非金融机构及住户负债	726 488.7	753 967.7	760 469.3	780 043.9
纳入广义货币的存款	701 500.3	727 055.2	732 945.6	758 512.7
单位活期存款	221 410.3	230 184.8	220 047.9	239 099.2
单位定期存款	148 781.1	159 299.8	171 105.4	166 616.0
个人存款	331 308.9	337 570.6	341 792.3	352 797.5
不纳入广义货币的存款	21 189.8	22 774.9	22 757.4	16 809.1
可转让存款	7 542.7	8 005.5	7 020.9	7 118.5
其他存款	13 647.1	14 769.3	15 736.5	9 690.6
其他负债	3 798.6	4 137.7	4 766.4	4 722.1
对中央银行负债	4 915.1	5 263.0	6 081.7	6 763.9
对其他存款性公司负债	62 803.9	68 211.9	69 259.0	85 082.0
对其他金融性公司负债	40 556.5	41 217.5	40 497.7	52 210.9
其中：计入广义货币的存款	11 785.4	9 287.9	7 315.3	42 329.7
国外负债	7 238.4	8 286.3	8 178.4	7 765.9
债券发行	64 385.4	69 587.2	72 964.0	75 409.7
实收资本	26 763.0	27 313.3	27 788.3	28 642.0
其他负债	84 148.8	88 020.3	92 986.7	101 948.9
总负债	**1 017 299.8**	**1 061 867.2**	**1 078 225.2**	**1 137 867.1**

数据来源：中国人民银行。

附表 2－10　2011 年中资大型银行资产负债表

（季末余额）

单位：亿元

项　　目	第一季度	第二季度	第三季度	第四季度
国外资产	15 281.24	15 803.52	14 366.83	17 393.45
储备资产	93 259.40	99 021.94	102 720.53	102 283.66
准备金存款	90 776.57	96 640.94	99 878.58	99 371.69
库存现金	2 482.83	2 381.00	2 841.95	2 911.96
对政府债权	29 660.49	31 011.54	32 664.35	33 518.21
其中：中央政府	29 660.49	31 011.54	32 664.35	33 518.21
对中央银行债权	32 461.97	23 990.55	21 495.00	19 509.63
对其他存款性公司债权	70 146.48	76 870.78	73 822.20	79 116.87
对其他金融性公司债权	15 411.77	19 152.60	18 404.88	20 576.74
对非金融性公司债权	246 176.14	252 522.94	258 428.50	266 750.32
对其他居民部门债权	63 944.31	67 562.25	70 755.09	73 526.67
其他资产	31 475.48	33 466.80	33 317.46	34 048.26
总资产	**597 817.28**	**619 402.90**	**625 974.85**	**646 723.81**
对非金融机构及住户负债	439 940.88	453 379.95	456 075.05	458 964.23
纳入广义货币的存款	422 688.98	435 085.96	437 392.95	445 941.34
单位活期存款	127 393.29	132 607.06	125 737.99	134 650.32
单位定期存款	70 306.90	74 708.19	81 606.25	76 394.95
个人存款	224 988.79	227 770.70	230 048.71	234 896.07
不纳入广义货币的存款	14 062.81	14 953.86	14 841.79	9 357.32
可转让存款	4 279.84	4 529.33	3 833.39	3 636.14
其他存款	9 782.97	10 424.53	11 008.41	5 721.18
其他负债	3 189.09	3 340.14	3 840.31	3 665.57
对中央银行负债	881.91	1 000.85	1 614.52	2 076.57
对其他存款性公司负债	19 691.53	22 746.53	24 754.53	27 970.84
对其他金融性公司负债	23 368.23	22 687.05	20 927.26	29 337.58
其中：计入广义货币的存款	8 117.14	6 403.26	4 891.68	24 374.89
国外负债	2 940.64	3 281.30	2 913.85	2 717.53
债券发行	44 948.77	48 243.29	49 943.44	50 956.96
实收资本	15 835.37	15 884.36	15 915.52	15 904.68
其他负债	50 209.96	52 179.56	53 830.66	58 795.41
总负债	**597 817.28**	**619 402.90**	**625 974.85**	**646 723.81**

数据来源：中国人民银行。

附表 2-11　2011 年中资中型银行资产负债表

（季末余额）

单位：亿元

项　目	第一季度	第二季度	第三季度	第四季度
国外资产	4 122.28	4 670.42	4 589.16	5 108.48
储备资产	22 508.73	24 674.78	25 195.99	28 353.98
准备金存款	22 129.47	24 275.59	24 758.89	27 885.83
库存现金	379.26	399.19	437.11	468.15
对政府债权	6 678.62	7 004.49	7 265.00	7 539.97
其中：中央政府	6 678.62	7 004.49	7 265.00	7 539.97
对中央银行债权	2 189.68	2 005.57	1 640.42	1 956.77
对其他存款性公司债权	37 012.20	38 822.06	37 468.32	44 221.39
对其他金融性公司债权	4 547.57	5 090.80	4 358.14	6 670.20
对非金融性公司债权	95 328.27	99 256.57	101 305.84	105 724.99
对其他居民部门债权	20 846.22	22 209.43	23 112.61	24 081.70
其他资产	5 194.11	5 666.44	6 742.99	7 331.55
总资产	**198 427.67**	**209 400.56**	**211 678.46**	**230 989.04**
对非金融机构及住户负债	119 248.41	124 850.57	125 015.86	130 272.49
纳入广义货币的存款	114 766.61	119 893.68	120 014.03	125 649.30
单位活期存款	44 731.47	45 498.71	42 946.01	46 817.74
单位定期存款	45 156.54	48 365.15	50 812.98	50 945.02
个人存款	24 878.59	26 029.82	26 255.03	27 886.55
不纳入广义货币的存款	4 097.32	4 422.84	4 383.85	4 025.07
可转让存款	1 636.71	1 678.36	1 528.66	1 699.00
其他存款	2 460.61	2 744.48	2 855.19	2 326.06
其他负债	384.48	534.04	617.98	598.13
对中央银行负债	2 814.02	2 928.65	2 951.05	3 096.65
对其他存款性公司负债	22 692.91	24 399.70	21 912.37	29 889.15
对其他金融性公司负债	15 270.30	16 103.67	17 036.50	19 783.85
其中：计入广义货币的存款	3 566.27	2 765.63	2 377.30	16 295.14
国外负债	736.89	870.06	724.94	725.78
债券发行	18 591.21	20 436.40	22 098.91	23 411.06
实收资本	2 149.93	2 258.92	2 352.02	2 351.63
其他负债	16 923.99	17 552.59	19 586.83	21 458.43
总负债	**198 427.67**	**209 400.56**	**211 678.46**	**230 989.04**

数据来源：中国人民银行。

附表 2-12 2011 年中资小型银行资产负债表

（季末余额）

单位：亿元

项目	第一季度	第二季度	第三季度	第四季度
国外资产	137.29	292.85	211.96	317.34
储备资产	17 655.43	19 958.71	20 781.36	24 966.11
准备金存款	17 014.97	19 291.68	20 000.48	24 087.11
库存现金	640.46	667.03	780.88	879.01
对政府债权	5 628.49	5 752.43	6 023.69	6 234.15
其中：中央政府	5 628.49	5 752.43	6 023.69	6 234.15
对中央银行债权	820.08	498.67	464.81	715.33
对其他存款性公司债权	26 664.31	29 018.33	28 336.27	34 407.24
对其他金融性公司债权	3 242.36	3 391.82	4 241.57	5 125.51
对非金融性公司债权	48 581.54	50 822.28	53 018.72	56 894.17
对其他居民部门债权	13 853.80	14 836.76	15 634.31	16 691.66
其他资产	5 217.14	5 145.00	5 494.22	6 003.40
总资产	**121 800.44**	**129 716.85**	**134 206.92**	**151 354.91**
对非金融机构及住户负债	91 792.69	97 610.36	99 326.44	109 208.88
纳入广义货币的存款	91 027.19	96 656.71	98 288.20	108 395.94
单位活期存款	31 314.26	33 170.56	32 572.25	37 003.33
单位定期存款	21 010.17	23 405.57	24 744.21	26 081.65
个人存款	38 702.76	40 080.59	40 971.75	45 310.96
不纳入广义货币的存款	608.72	766.32	822.69	498.56
可转让存款	242.78	270.22	253.24	263.18
其他存款	365.94	496.10	569.45	235.37
其他负债	156.78	187.33	215.56	314.38
对中央银行负债	320.03	284.89	347.47	418.11
对其他存款性公司负债	15 481.27	15 996.73	17 460.75	22 157.42
对其他金融性公司负债	1 054.65	1 538.86	1 632.20	2 066.31
其中：计入广义货币的存款	101.29	118.41	45.82	1 563.25
国外负债	35.08	108.04	125.23	174.37
债券发行	499.19	565.38	582.43	702.98
实收资本	3 921.99	4 192.29	4 372.60	4 903.42
其他负债	8 695.54	9 420.30	10 359.78	11 723.42
总负债	**121 800.44**	**129 716.85**	**134 206.92**	**151 354.91**

数据来源：中国人民银行。

附表2－13　2011年外资银行资产负债表

（季末余额）

单位：亿元

项　　目	第一季度	第二季度	第三季度	第四季度
国外资产	1 156.87	1 112.05	1 107.38	1 296.17
储备资产	2 193.15	2 358.68	2 702.64	2 966.48
准备金存款	2 183.83	2 346.97	2 692.39	2 955.73
库存现金	9.32	11.71	10.25	10.75
对政府债权	857.90	1 084.11	1 308.34	1 541.46
其中：中央政府	857.90	1 084.11	1 308.34	1 541.46
对中央银行债权	0.00	0.00	0.00	0.00
对其他存款性公司债权	3 896.36	4 542.40	4 861.97	5 041.76
对其他金融性公司债权	311.65	343.41	431.82	493.26
对非金融性公司债权	8 491.60	8 687.86	8 901.22	8 981.34
对其他居民部门债权	417.34	420.11	445.07	462.24
其他资产	2 433.53	2 594.59	2 577.17	2 601.01
总资产	**19 758.39**	**21 143.20**	**22 335.61**	**23 383.71**
对非金融机构及住户负债	9 971.15	10 624.69	11 338.01	12 202.23
纳入广义货币的存款	8 029.37	8 506.41	9 147.76	9 787.67
单位活期存款	2 019.92	2 118.63	1 978.08	2 610.72
单位定期存款	4 726.03	4 939.40	5 567.97	5 419.74
个人存款	1 283.42	1 448.38	1 601.71	1 757.21
不纳入广义货币的存款	1 941.78	2 118.28	2 190.25	2 414.56
可转让存款	1 007.80	1 054.12	963.16	1 091.44
其他存款	933.98	1 064.16	1 227.10	1 323.11
其他负债	0.00	0.00	0.00	0.00
对中央银行负债	0.96	0.00	1.90	3.45
对其他存款性公司负债	1 150.80	1 236.68	1 368.48	1 617.61
对其他金融性公司负债	527.80	515.55	552.55	541.97
其中：计入广义货币的存款	0.00	0.00	0.00	0.00
国外负债	3 525.73	4 026.90	4 414.31	4 148.17
债券发行	24.66	20.42	11.01	11.07
实收资本	1 526.94	1 545.09	1 583.49	1 622.54
其他负债	3 030.35	3 173.87	3 065.86	3 236.68
总负债	**19 758.39**	**21 143.20**	**22 335.61**	**23 383.71**

数据来源：中国人民银行。

附表 2－14　2011 年城市信用社资产负债表

（季末余额）

单位：亿元

项　　目	第一季度	第二季度	第三季度	第四季度
国外资产	0.00	0.00	0.00	0.00
储备资产	7.45	7.49	7.96	8.30
准备金存款	6.92	6.95	7.30	7.58
库存现金	0.53	0.55	0.66	0.72
对政府债权	0.80	0.80	0.80	0.75
其中：中央政府	0.80	0.80	0.80	0.75
对中央银行债权	0.00	0.00	0.00	0.00
对其他存款性公司债权	4.37	6.69	7.85	8.68
对其他金融性公司债权	0.00	0.00	0.00	0.00
对非金融性公司债权	16.86	17.35	18.56	19.49
对其他居民部门债权	16.34	15.88	16.06	17.39
其他资产	4.08	4.57	6.52	8.81
总资产	**49.91**	**52.78**	**57.76**	**63.43**
对非金融机构及住户负债	44.73	46.77	49.38	55.19
纳入广义货币的存款	44.72	46.77	49.38	55.19
单位活期存款	8.69	8.65	9.38	10.20
单位定期存款	5.73	7.48	8.10	9.85
个人存款	30.31	30.63	31.90	35.14
不纳入广义货币的存款	0.00	0.00	0.00	0.00
可转让存款	0.00	0.00	0.00	0.00
其他存款	0.00	0.00	0.00	0.00
其他负债	0.00	0.00	0.00	0.00
对中央银行负债	0.00	0.00	0.00	0.00
对其他存款性公司负债	1.80	1.59	1.29	0.86
对其他金融性公司负债	0.04	0.00	0.00	0.00
其中：计入广义货币的存款	0.00	0.00	0.00	0.00
国外负债	0.00	0.00	0.00	0.00
债券发行	0.00	0.00	0.00	0.00
实收资本	2.31	2.29	5.83	5.83
其他负债	1.03	2.12	1.26	1.55
总负债	**49.91**	**52.78**	**57.76**	**63.43**

数据来源：中国人民银行。

附表 2-15　2011 年农村信用社资产负债表

（季末余额）

单位：亿元

项　　目	第一季度	第二季度	第三季度	第四季度
国外资产	12.06	7.91	7.54	5.84
储备资产	9 433.24	10 045.67	10 527.75	12 399.62
准备金存款	8 554.32	9 167.20	9 540.73	11 568.69
库存现金	878.92	878.47	987.02	830.94
对政府债权	771.57	733.68	758.29	731.83
其中：中央政府	771.57	733.68	758.29	731.83
对中央银行债权	158.88	116.24	118.32	140.76
对其他存款性公司债权	11 374.63	11 517.01	11 768.07	10 755.31
对其他金融性公司债权	1 757.44	1 422.99	1 334.22	1 146.73
对非金融性公司债权	17 376.29	18 035.88	18 497.36	18 528.00
对其他居民部门债权	19 656.30	20 625.10	21 053.87	20 204.37
其他资产	3 102.08	3 256.59	3 288.96	3 687.48
总资产	**63 642.49**	**65 761.08**	**67 354.37**	**67 599.94**
对非金融机构及住户负债	53 303.84	54 716.65	55 852.64	55 846.81
纳入广义货币的存款	53 223.37	54 627.64	55 744.81	55 702.72
单位活期存款	9 883.03	10 269.37	10 706.73	10 876.68
单位定期存款	1 915.48	2 147.98	2 155.23	1 914.72
个人存款	41 424.86	42 210.28	42 882.85	42 911.31
不纳入广义货币的存款	18.40	19.01	21.30	7.16
可转让存款	4.74	5.04	4.85	0.97
其他存款	13.66	13.97	16.45	6.20
其他负债	62.07	70.00	86.52	136.92
对中央银行负债	889.29	1 042.64	1 134.23	1 107.58
对其他存款性公司负债	3 042.35	3 132.96	3 096.90	2 652.93
对其他金融性公司负债	308.07	344.62	308.27	412.60
其中：计入广义货币的存款	0.00	0.00	0.00	44.38
国外负债	0.02	0.02	0.02	0.02
债券发行	0.10	0.00	6.78	5.98
实收资本	2 100.33	2 149.40	2 187.24	2 353.64
其他负债	3 998.48	4 374.80	4 768.30	5 220.38
总负债	**63 642.49**	**65 761.08**	**67 354.37**	**67 599.94**

数据来源：中国人民银行。

附表 2－16　2011 年财务公司资产负债表

（季末余额）

单位：亿元

项　　目	第一季度	第二季度	第三季度	第四季度
国外资产	91.70	90.75	70.73	90.46
储备资产	1 813.90	2 092.64	2 147.99	2 025.90
准备金存款	1 778.03	2 092.60	2 147.96	2 025.86
库存现金	35.87	0.04	0.03	0.04
对政府债权	185.45	183.75	154.26	131.48
其中：中央政府	185.45	183.75	154.26	131.48
对中央银行债权	1.69	1.14	1.29	1.47
对其他存款性公司债权	5 351.63	5 341.75	5 258.34	5 914.80
对其他金融性公司债权	293.60	386.62	308.66	316.74
对非金融性公司债权	7 378.58	7 604.97	7 954.76	8 496.88
对其他居民部门债权	165.02	179.51	198.72	230.33
其他资产	522.05	508.69	522.44	544.16
总资产	**15 803.62**	**16 389.82**	**16 617.18**	**17 752.22**
对非金融机构及住户负债	12 186.97	12 738.71	12 811.95	13 494.09
纳入广义货币的存款	11 720.02	12 238.00	12 308.47	12 980.58
单位活期存款	6 059.60	6 511.79	6 097.45	7 130.26
单位定期存款	5 660.24	5 726.00	6 210.69	5 850.10
个人存款	0.17	0.21	0.34	0.22
不纳入广义货币的存款	460.78	494.54	497.49	506.40
可转让存款	370.85	468.47	437.62	427.75
其他存款	89.93	26.07	59.87	78.65
其他负债	6.17	6.17	6.00	7.11
对中央银行负债	8.90	5.95	32.50	61.50
对其他存款性公司负债	743.25	697.65	664.70	793.16
对其他金融性公司负债	27.43	27.79	40.96	68.58
其中：计入广义货币的存款	0.70	0.59	0.52	52.02
国外负债	0.00	0.00	0.00	0.00
债券发行	321.45	321.68	321.46	321.64
实收资本	1 226.14	1 280.98	1 371.56	1 500.26
其他负债	1 289.49	1 317.06	1 374.05	1 512.99
总负债	**15 803.62**	**16 389.82**	**16 617.18**	**17 752.22**

数据来源：中国人民银行。

附表2-17　证券市场概况统计表

年　份	2005	2006	2007	2008	2009	2010	2011
境内上市公司数（A、B股）（家）	1 381	1 434	1 550	1 625	1 718	2 063	2 342
境内上市外资股（B股）（家）	109	109	109	109	108	108	108
境外上市公司数（H股）（家）	122	143	148	153	159	165	171
总发行股本（亿股）	7 629.51	14 897.57	22 416.85	24 522.85	26 162.85	33 184.35	36 095.52
其中：流通股本（亿股）	2 914.77	5 637.79	10 331.52	12 578.91	19 759.53	25 642.03	28 850.26
股票市价总值（亿元）	32 430.28	89 403.90	327 140.89	121 366.44	243 939.12	265 422.59	214 758.09
其中：股票流通市值（亿元）	10 630.51	25 003.64	93 064.35	45 213.90	151 258.65	193 110.41	164 921.30
股票交易量（亿股）	6 623.73	16 145.22	45 038.71	24 131.38	51 106.99	42 151.99	33 957.55
股票成交金额（亿元）	31 664.78	90 468.91	460 556.20	267 112.64	535 986.74	545 633.54	421 646.74
上证综合指数（收盘）	1 161.06	2 675.47	5 261.56	1 820.81	3 277.14	2 808.08	2 199.42
深证综合指数（收盘）	278.75	550.59	1 447.02	553.30	1 201.34	1 290.87	866.65
投资者账户（万户）	7 336.07	7 854.00	13 887.02	12 363.89	14 027.88	15 454.03	16 546.90
平均市盈率							
上海	16.33	33.38	59.24	14.86	28.73	21.61	13.40
深圳	16.36	33.61	72.11	17.13	46.01	44.69	23.11
平均换手率（%）							
上海	274.37	46.31	37.77	392.52	499.41	197.61	124.80
深圳	316.43	55.95	42.35	469.11	793.27	557.46	340.49
国债发行额（亿元）	7 042.00	8 883.00	23 139.10	8 558.20	17 927.24	19 778.30	17 100.10
公司债发行额（亿元）	2 046.50	3 938.00	5 181.00	8 723.40	16 599.30	16 094.45	21 395.32
债券成交量（万手）	283 714.36						
债券成交额（亿元）	28 367.85						
国债现货成交金额（亿元）	2 780.63	1 540.71	1 200.59	2 122.52	2 085.10	1 661.64	1 253.32
国债回购成交金额（亿元）	23 621.17	9 092.77	18 345.08	24 268.65	35 475.87	65 877.79	199 581.50
证券投资基金只数（只）	218	301	346	439	557	704	915
证券投资基金规模（亿元）	4 714.18	6 020.09	22 339.84	19 403.25	26 767.05	25 200.75	21 917.54
证券投资基金成交金额（亿元）	773.15	1 909.68	8 620.10	5 831.06	10 249.58	8 996.43	6 365.80
期货成交总量（万手）	32 287.41	272 098.56	71 565.57	136 396.00	215 751.76	313 368.83	105 413.75
期货成交额（亿元）	134 463.38	209 533.78	400 733.30	719 173.35	1 305 142.92	3 080 592.40	1 375 162.44

数据来源：中国证监会。

附表 2-18　股票市值与 GDP 的比率

单位：亿元，%

年　份	GDP	市价总值	比率	GDP	流通市值	比率
1995	60 794	3 474	5.71	60 794	938	1.54
1996	71 177	9 842	13.83	71 177	2 867	4.03
1997	78 973	17 529	22.20	78 973	5 204	6.59
1998	84 402	19 506	23.11	84 402	5 746	6.81
1999	89 677	26 471	29.52	89 677	8 214	9.16
2000	99 215	48 091	48.47	99 215	16 088	16.21
2001	109 655	43 522	39.69	109 655	14 463	13.19
2002	120 333	38 329	31.85	120 333	12 485	10.38
2003	135 823	42 458	31.26	135 823	13 179	9.70
2004	159 878	37 056	23.18	159 878	11 689	7.31
2005	183 868	32 430	17.64	183 868	10 631	5.78
2006	211 923	89 404	42.19	211 923	25 004	11.80
2007	249 530	327 141	131.10	249 530	93 064	37.30
2008	300 670	121 366	40.36	300 670	45 214	15.04
2009	335 353	243 939	72.74	335 353	151 259	45.10
2010	397 983	265 422	66.69	397 983	193 110	48.52
2011	471 564	214 758	45.54	471 564	164 921	34.97

数据来源：根据中国证监会、国家统计局数据整理。

附表 2-19　境内股票筹资额和银行贷款增加额的比率

单位：亿元，%

年　份	境内股票筹资额	银行贷款增加额	比率
1995	118.86	9 339.82	1.27
1996	341.52	10 683.33	3.20
1997	933.82	10 712.47	8.72
1998	803.57	11 490.94	6.99
1999	897.39	10 846.36	8.27
2000	1 541.02	13 346.61	11.55
2001	1 182.13	12 439.41	9.50
2002	779.75	18 979.20	4.11
2003	823.10	27 702.30	2.97
2004	862.67	19 201.60	4.49
2005	338.13	16 492.60	2.05
2006	1 231.89	31 441.30	3.92
2007	8 431.86	36 322.51	23.21
2008	3 308.16	49 854.00	6.64
2009	3 923.52	96 290.18	4.07
2010	9 672.20	79 510.73	12.16
2011	5 518.27	68 751.14	8.03

注：境内筹资额为 A、B 股筹资额。

数据来源：根据中国人民银行、中国证监会数据整理。

附表 2－20　股票市场概况统计表

年　份		2005	2006	2007	2008	2009	2010	2011
境内上市公司数(A、B股)(家)		1 381	1 434	1 550	1 625	1 718	2 063	2 342
其中：ST公司数（家）		115			140	142	153	137
中小板公司数（家）		50	102	202	273	327	531	646
创业板公司数（家）						36	153	281
境内上市外资股（B股）（家）		109	109	109	109	108	108	108
其中：ST公司数（家）		15			20			
总发行股本（亿股）		7 629. 51	14 897. 57	22 416. 85	24 522. 85	26 162. 85	33 184. 35	36 095. 52
其中：中小板总发行股本		56. 14	143. 21	339. 64	591. 60	794. 13	1 366. 74	1 943. 50
创业板总发行股本						34. 60	175. 06	399. 53
市价总值（亿元）		32 430. 28	89 403. 90	327 140. 89	121 366. 44	243 939. 12	265 422. 59	214 758. 10
其中：中小板市价总值		481. 15	2 015. 30	10 646. 84	6 269. 68	16 872. 55	35 364. 61	27 429. 32
创业板市价总值						1 610. 08	7 365. 22	7 433. 79
流通市值（亿元）		10 630. 51	25 003. 64	93 064. 35	45 213. 90	151 258. 65	193 110. 41	164 921. 30
其中：中小板流通市值		185. 29	723. 63	3 823. 66	2 672. 68	7 503. 57	16 150. 32	14 343. 52
创业板流通市值						298. 97	2 005. 64	2 504. 08
成交量（亿股）	合计	6 623. 73	16 145. 22	45 038. 71	24 131. 38	51 106. 99	42 151. 99	33 957. 55
	日平均	27. 37	66. 99	186. 11	98. 10	209. 45	174. 18	139. 17
	中小板	130. 30	296. 78		1 189. 26		4 055. 35	3 729. 74
	创业板	—	—	—	—	—	400. 53	761. 69
成交金额（亿元）	合计	31 664. 78	90 468. 91	460 556. 22	267 112. 64	535 986. 74	545 633. 54	421 469. 72
	日平均	130. 85	375. 39	1 903. 12	1 085. 82	2 196. 67	2 254. 68	1 728. 07
	中小板	1 203. 92	3 071. 55	16 173. 66	16 637. 28	48 273. 52	85 832. 42	69 026. 46
	创业板	—	—	—	—	1 828. 11	15 717. 88	18 879. 15

续表

年份		2005	2006	2007	2008	2009	2010	2011
平均换手率（%）	上海	274.37	46.31	37.77	392.52	499.41	197.61	124.80
	深圳	316.43	55.95	42.35	469.11	793.27	557.46	340.49
平均市盈率	上海	16.33	33.38	59.24	14.86	28.73	21.61	13.40
	深圳	16.36	33.61	72.11	17.13	46.01	44.69	23.11
	中小板	24.49	42.03	85.07	24.96	51.01	56.93	28.26
	创业板					105.38	78.53	37.62
上证综合指数	开盘	1 260.78	1 163.88	2 728.19	5 265.00	1 849.02	3 289.75	2 825.33
	最高	1 328.53	2 698.90	6 124.04	5 522.78	3 478.01	3 306.75	3 067.46
	月日	2005-02-25	2006-12-29	2007-10-16	2008-01-14	2009-08-04	2010-01-11	2011-04-18
	最低	998.23	1 161.91	2 617.02	1 664.92	1 844.09	2 319.74	2 134.02
	月日	2005-06-06	2006-01-04	2007-01-05	2008-10-28	2009-01-05	2010-07-02	2011-11-28
	平均	1 153.55	2 302.94	4 797.17	2 707.32	2 969.10	2 810.66	
	收盘	1 161.06	2 675.47	5 261.56	1 820.81	3 277.14	2 808.08	2 199.42
深证综合指数	开盘	313.81	278.99	555.26	1 450.33	560.10	1 207.33	1 298.59
	最高	333.28	552.93	1 567.74	1 584.40	1 240.64	1 414.64	1 316.19
	月日	2005-03-09	2006-12-29	2007-10-08	2008-01-15	2009-12-04	2010-11-11	2011-01-06
	最低	237.18	278.99	547.89	452.33	557.69	890.24	828.83
	月日	2005-07-18	2006-01-04	2007-01-05	2008-11-04	2009-01-05	2010-07-02	2011-12-28
	平均	282.64	483.28	1 252.42	785.83	1 050.25	1 221.15	
	收盘	278.75	550.59	1 447.02	553.30	1 201.34	1 290.87	866.65

数据来源：上海、深圳证券交易所。

附表 2-21 中国债券发行情况汇总表

单位：亿元

年份	国债			政策金融债券			次级债			企业债		
	发行额	兑付额	期末余额	发行额	兑付额	期末余额	发行额	兑付额	期末余额	发行额	兑付额	期末余额
1993	381.31	123.29	1 540.74	—	34.29	108.83	—	—	—	235.84	255.48	802.40
1994	1 137.55	391.89	2 286.40	—	13.54	95.29	—	—	—	161.75	282.04	682.11
1995	1 510.86	496.96	3 300.30	—		1 708.49	—	—	—	300.80	336.30	646.61
1996	1 847.77	786.64	4 361.43	1 055.60	254.50	2 509.59	—	—	—	268.92	317.80	597.73
1997	2 411.79	1 264.29	5 508.93	1 431.50	312.30	3 628.80	—	—	—	255.23	219.81	521.02
1998	3 808.77	2 060.86	7 765.70	1 950.23	320.40	5 121.13	—	—	—	147.89	105.25	676.93
1999	4 015.00	1 238.70	10 542.00	1 800.89	473.20	6 447.48	—	—	—	158.20	56.50	778.63
2000	4 657.00	2 179.00	13 020.00	1 645.00	709.20	7 383.28	—	—	—	83.00	—	861.63
2001	4 884.00	2 286.00	15 618.00	2 590.00	1 438.80	8 534.48	—	—	—	147.00	—	—
2002	5 934.30	2 216.20	19 336.10	3 075.00	1 555.70	10 054.10	—	—	—	325.00	—	—
2003	6 280.10	2 755.80	22 603.60	4 561.40	2 505.30	11 650.00	—	—	—	358.00	—	—
2004	6 923.90	3 749.90	25 777.60	4 148.00	1 778.70	14 019.30	918.80	—	918.80	327.00	—	—
2005	7 042.00	4 045.50	28 774.00	5 851.70	2 053.00	17 818.00	966.30	—	1 885.10	2 046.50	37.00	—
2006	8 883.30	6 208.61	31 448.69	8 980.00	3 790.00	23 008.00	215.00	—	2 100.10	3 938.30	1 672.40	—
2007	23 139.10	5 846.80	48 741.00	11 090.20	4 133.60	29 926.80	376.50	—	2 348.50	5 181.00	2 880.90	7 683.30
2008	8 558.20	7 531.40	49 767.80	10 823.00	4 063.80	36 686.00	724.00		3 072.50	8 723.40	3 277.84	13 250.62
2009	17 927.24	9 745.06	57 949.98	11 678.10	3 745.33	44 818.83	2 746.00	958.20	4 860.30	16 599.30	4 309.12	25 540.80
2010	19 778.30	10 043.38	67 684.90	13 192.70	5 648.37	52 363.16	919.50	469.30	5 310.50	16 094.45	5 099.23	36 318.15
2011	17 100.10	10 958.50	73 826.50	19 972.70	7 317.04	65 018.82	3 168.50	112.00	8 367.00	23 103.21	10 266.67	49 299.69

注：1. 自2006年起，次级债包括自2006年9月开始发行的资本混合债。

2. 自2011年起，表中企业债包括企业债（中央国债登记结算有限责任公司统计部分）、公司债、短期融资券、超短期融资券、中期票据、中小企业集合票据和非公开定向债务融资工具。

数据来源：中国人民银行。

附表 2－22 中国保险业发展概况统计表

单位：亿元，%

项 目	2005 年	同比增长	2006 年	同比增长	2007 年	同比增长	2008 年	同比增长	2009 年	同比增长	2010 年	同比增长	2011 年	同比增长
保费收入	4 927.34	14.11	5 641.44	14.49	7 035.76	24.72	9 784.10	39.06	11 137.30	13.83	14 527.97	30.44	14 339.25	—
1. 财产险	1 229.86	12.84	1 509.43	22.73	1 997.74	32.35	2 336.71	16.97	2 875.83	23.07	3 895.64	35.46	4 617.82	18.54
2. 人身意外伤害	140.89	20.35	162.47	15.31	190.11	17.01	203.56	7.08	230.05	13.02	275.35	19.69	334.12	—
3. 健康险	312.30	20.17	376.90	20.69	384.17	1.93	585.46	52.40	573.98	-1.96	677.47	18.03	691.72	—
4. 寿险	3 244.28	13.78	3 592.64	10.74	4 463.75	24.25	6 658.37	49.17	7 457.44	12.00	9 679.51	29.80	8 695.59	—
赔款、给付	1 129.67	12.47	1 438.46	27.33	2 265.21	57.47	2 971.17	31.16	3 125.48	5.19	3 200.43	2.40	3 929.37	22.78
1. 财产险	671.75	18.36	796.29	18.54	1 020.47	28.15	1 418.33	38.99	1 575.78	11.10	1 756.03	11.44	2 186.93	24.54
2. 人身意外伤害	43.51	10.37	51.67	18.75	63.43	22.76	62.57	-1.35	63.92	2.15	71.39	11.69	81.84	14.64
3. 健康险	107.92	21.11	125.10	15.92	116.86	-6.58	175.28	49.99	217.03	23.82	264.02	21.65	359.67	36.23
4. 寿险	306.50	-0.62	465.41	-0.62	1 064.45	51.85	1 314.98	23.54	1 268.74	-3.52	1 108.99	-12.59	1 300.93	17.31
营业费用	525.96	20.68	667.06	26.83	947.62	42.06	1 079.52	13.92	1 234.06	14.32	1 538.35	24.66	1 882.38	22.36
银行存款	5 241.43	5.49	5 989.10	14.26	6 516.26	8.80	8 087.55	24.11	10 519.68	30.07	13 909.97	32.23	17 737.17	27.51
投资	8 894.41	55.72	11 796.29	32.63	20 205.69	71.29	22 465.22	11.18	26 897.43	19.73	32 136.65	19.48	37 736.67	17.43
其中：国债	3 588.29	35.32	3 647.01	1.64	3 961.12	8.61	4 208.26	8.61	4 053.82	-3.67	4 815.78	18.80	4 742.40	-1.52
证券投资基金	1 099.21	63.29	912.08	-17.02	2 530.46	-17.02	1 646.46	177.44	2 758.78	67.56	2 620.73	-5.00	2 915.86	11.26
资产总额	15 225.97	28.45	19 731.32	29.59	29 003.92	46.99	33 418.44	15.22	40 634.75	21.59	50 481.61	24.23	60 138.10	19.13

注：1. 自 2011 年起，保险业根据财政部《企业会计准则解释第 2 号》调整了保险收入确认原则，按照新口径统计保费收入，故 2011 年保费收入不能与往年进行比较。

2. 保费收入、赔款给付、营业费用为年度数据。

3. 银行存款、投资、资产总额为年底数据。

数据来源：根据中国保监会网站提供数据整理。

附表 2－23 2008—2011 年全国非寿险保费收入构成

单位：亿元，%

险　种	2008	占比	2009	占比	2010	占比	2011	占比
车险	1 702. 52	69. 60	2 155. 61	72. 02	3 004. 15	74. 60	3 504. 56	73. 33
企财险	209. 63	8. 57	221. 43	7. 40	271. 61	6. 74	329. 81	6. 90
货运险	70. 97	2. 90	61. 27	2. 05	78. 74	1. 96	97. 83	2. 05
意外险	72. 71	2. 97	73. 92	2. 47	85. 53	2. 12	105. 12	2. 20
责任险	81. 75	3. 34	92. 21	3. 08	115. 88	2. 88	148. 01	3. 10
其他	308. 67	12. 62	388. 46	12. 98	470. 98	11. 70	593. 73	12. 42
合计	2 446. 25	100. 00	2 992. 90	100. 00	4 026. 89	100. 00	4 779. 06	100. 00

数据来源：中国保监会。

附表 2－24 2008—2011 年全国寿险保费收入构成

单位：亿元，%

险　种	2008	占比	2009	占比	2010	占比	2011	占比
人寿保险	6 658. 09	90. 74	7 457. 22	91. 57	9 679. 31	92. 18	8 695. 40	90. 96
其中：普通保险	983. 66	13. 41	961. 56	11. 81	948. 17	9. 03	951. 20	9. 95
分红保险	3 798. 87	51. 77	5 292. 56	64. 99	7 454. 77	70. 99	7 662. 54	80. 15
投资连结保险	425. 03	5. 79	147. 90	1. 82	152. 82	1. 46	4. 55	0. 05
意外伤害保险	130. 85	1. 78	156. 13	1. 92	189. 83	1. 81	229. 00	2. 40
健康保险	548. 63	7. 48	530. 83	6. 52	631. 74	6. 02	635. 61	6. 65
合计	7 337. 57	100. 00	8 144. 18	100. 00	10 500. 88	100. 00	9 560. 00	100. 00

数据来源：中国保监会。

附表 2－25 2011 年全国各地区保费收入情况表

单位：亿元

地　区	原保险保费收入	财产保险	寿险	意外险	健康险
全国合计	14 339.25	4 617.82	8 695.59	334.12	691.72
广东	1 219.06	367.74	757.36	28.84	65.12
江苏	1 200.02	379.93	741.09	31.08	47.93
河南	839.82	163.33	637.16	11.02	28.31
山东	890.31	276.28	549.88	19.77	44.38
北京	820.91	232.56	505.83	16.20	66.32
四川	778.70	225.09	499.02	20.52	34.07
河北	732.89	222.92	470.21	12.89	26.87
上海	753.11	233.39	453.87	19.33	46.51
浙江	730.67	310.32	371.55	20.33	28.46
湖北	501.82	114.71	353.28	11.24	22.58
湖南	443.53	123.18	289.70	11.28	19.37
安徽	432.30	142.82	267.53	6.86	15.09
山西	364.67	113.28	232.87	6.06	12.46
陕西	343.72	101.51	221.97	7.64	12.60
辽宁	376.26	134.61	214.21	7.40	20.04
黑龙江	317.79	84.49	212.43	6.07	14.79
重庆	311.81	81.63	206.19	10.30	13.70
福建	350.38	116.36	201.78	9.33	22.91
深圳	359.90	139.80	190.53	9.66	19.92
江西	252.23	85.13	151.99	5.49	9.63
吉林	223.36	69.00	140.85	3.51	9.99
天津	211.74	75.10	118.62	5.18	12.84
广西	212.65	79.06	116.71	6.80	10.08
云南	241.10	109.17	106.52	9.43	15.98
新疆	203.62	78.51	102.86	6.92	15.32
内蒙古	229.78	116.69	98.12	5.57	9.40
大连	148.83	52.17	85.75	3.02	7.89
甘肃	140.93	46.49	84.16	3.43	6.84
青岛	145.73	55.98	77.69	3.07	8.99
宁波	148.60	77.29	63.42	3.54	4.35
贵州	131.81	59.03	63.20	4.78	4.80
厦门	82.03	34.69	40.39	2.24	4.71
海南	53.75	21.78	28.37	1.38	2.22
宁夏	55.34	21.88	26.70	1.69	5.07
青海	27.89	13.72	11.86	0.85	1.46
西藏	7.60	5.73	0.78	0.43	0.66
集团、总公司本级	54.59	52.43	1.17	0.95	0.05

注：集团、总公司本级是指集团、总公司开展的业务，不计入任何地区。

数据来源：中国保监会。

责任编辑：戴　硕　李　融
责任校对：李俊英
责任印制：裴　刚

图书在版编目（CIP）数据

中国金融稳定报告（Zhongguo Jinrong Wending Baogao）. 2012/中国人民银行金融稳定分析小组编. —北京：中国金融出版社，2012. 6
ISBN 978 -7 -5049 -6465 -6

Ⅰ. ①中…　Ⅱ. ①中…　Ⅲ. ①金融市场—研究报告—中国—2012　Ⅳ. ①F832. 5

中国版本图书馆 CIP 数据核字（2012）第 139776 号

出版发行 中国金融出版社
社址　北京市丰台区益泽路 2 号
市场开发部　(010)63266347，63805472，63439533（传真）
网 上 书 店　http：//www. chinafph. com　(010)63286832，63365686（传真）
读者服务部　(010)66070833，62568380
邮编　100071
经销　新华书店
印刷　北京松源印刷有限公司
尺寸　210 毫米 ×285 毫米
印张　12. 75
版次　2012 年 6 月第 1 版
印次　2012 年 6 月第 1 次印刷
定价　218. 00 元
ISBN 978 -7 -5049 -6465 -6/F. 6025
如出现印装错误本社负责调换　联系电话（010）63263947